PAYSAGES ET CROQUIS

ANGERS, IMPRIMERIE P. LACHÈSE, BELLEUVRE ET DOLBEAU.

ANDRÉ JOUBERT

PAYSAGES

ET

CROQUIS

J'aime comme l'alouette à me promener
loin et au-dessus de mon nid.
(*Pensées d'un philosophe.*)

ANGERS

IMPRIMERIE P. LACHÈSE, BELLEUVRE ET DOLBEAU

1867

DEUX MOTS AU LECTEUR

Quelques amis de l'auteur l'ayant engagé à réunir en un volume les différents articles sur l'Allemagne, l'Italie et la Suisse qu'il avait publiés dans le *Journal de Maine et Loire*, il a cru devoir accéder à ce conseil bienveillant. Il le répète, il n'a jamais eu la prétention d'écrire des voyages. Il ne se fait aucune illusion sur les difficultés d'une pareille tâche, et il sait que les qualités indispensables à ceux qui veulent entreprendre un travail de ce genre ne sont point l'apanage de la jeunesse. Mais, Lafontaine l'a dit dans son naïf langage, le champ de la fantaisie

.... ne se peut tellement moissonner
Que les derniers venus n'y trouvent à glaner.

Il s'est donc contenté de rassembler les notes qu'il avait prises, sur les tableaux les plus remarquables, et les paysages les plus pittoresques des contrées qu'il a parcourues. Ces diverses descriptions n'ont entre elles d'autres liens que ceux qui rattachent, les unes aux autres, les photographies d'un même album.

SUISSE

PAYSAGES ET CROQUIS

SUISSE

L'entrée par Pontarlier.

L'entrée en Suisse par Pontarlier est une des plus vantées. Le chemin de fer traverse de vastes forêts de sapins. De nombreuses allées coupent les bois et découvrent à chaque instant des paysages nouveaux aux yeux du voyageur. La forme des pins varie à l'infini. Les uns se dressent droits et allongés, comme les mâts d'une frégate. Les autres sont larges et épais, une fourrure de mousse verdâtre les enveloppe. Ceux-ci ressemblent aux cyprès des parcs de Versailles si méthodiquement alignés, et si scrupuleusement taillés. Ceux-là, complétement dépouillés, quant au pied, ont conservé quelques touffes de feuillage qui ombragent leur tête, comme le panache d'un casque géant. Une vie mystérieuse anime ce peuple d'arbres majestueux et, quand les vents soufflant dans les rameaux y font vibrer des accords d'une mélodie sauvage, on croit entendre la voix des génies inconnus chantant en s'accompagnant sur les orgues célestes. L'herbe a des tons de velours. Les maisonnettes, peintes en jaune et recouvertes de briques, sont plaquées de rondelles en forme d'écailles, imitant la cuirasse des monstres marins. Le long des chalets, aux toits de chaume, s'enroulent en spirales des escaliers; des vitraux enchâssés dans des treillis de plomb garnissent les fenêtres et leur donnent un aspect original. Les jeunes paysannes aux cheveux nattés, la taille emprisonnée dans un corsage de velours noir garni de chaînes d'acier, rangent la vaisselle rustique sur des tables de bois verni. La route est sillonnée d'attelages composés d'un tronc de sapin posé en travers de quatre roues grossièrement fabriquées. Les vaches paissent dans la vallée, ou s'abreuvent à l'eau du ruisseau. Les collines du Jura servent d'encadrement au tableau.

Les fontaines de Neufchâtel.

Neufchâtel est une jolie ville coquettement située sur les flancs boisés d'une colline. Les maisons s'éparpillent, au milieu des arbres, comme autant de nids de rossignols perdus dans un bocage. Au carrefour des rues, s'élèvent des fontaines du quinzième ou du seizième siècle, vrais bijoux de ciselure et de sculpture. Elles sont surmontées de personnages aux poses tantôt graves, tantôt bouffonnes. Ici, c'est un chevalier armé de pied en cap, la lance au poing, la mine hautaine ; là, c'est une noble châtelaine portant le costume des damoiselles du temps de Charles VII. L'eau s'échappe par des tuyaux de cuivre reluisant dans un bassin d'une eau transparente où le soleil semble semer, en s'y brisant, une foule d'anguilles d'or. Les fillettes viennent y remplir leurs cruches, à toute heure du jour. Leur maintien et leurs attitudes ont ce je ne sais quoi de naïf et de gracieux, qui fait le charme de la Marguerite d'Ary Scheffer. Il est à remarquer que ce fait en apparence si simple et presque si vulgaire, a fourni le sujet de plus d'une page parfumée de grâce et de poésie. Qui n'a lu le récit touchant de l'entrevue d'Éliézer et de la belle Rébecca aux yeux noirs? Qui ne se souvient du passage d'*Hermann et Dorothée*, où l'auteur nous dépeint la rencontre du jeune homme et de sa fiancée : « Elle se baisse sur l'eau pour y puiser; il prend l'autre cruche et se baisse sur la même eau, ils se parlent par un mouvement de tête et se sourient tendrement en ce miroir. » Il y a toute une idylle dans ces quelques lignes détachées de la pastorale du dernier des chantres bucoliques. C'est un de ces chapitres qu'on n'oublie pas, et dont le souvenir éveille dans l'âme les plus suaves images, et les plus pures pensées. Heureux les écrivains dont les œuvres peuvent être mises impunément dans les mains des enfants, et dont la vierge timide respire les douces compositions comme un bouquet de fleurs cueillies dans un parterre enchanté.

Une tempête sur le lac.

Le soir de notre arrivée, une tempête se déchaîna sur le lac habituellement si calme. Des nuages gris, balayés par un vent violent, commençaient à nous cacher les montagnes qui encadrent Neufchâtel. Les flots s'entrechoquaient tumultueusement ; le sable tourbillonnait, et le rideau de vapeurs brunes, qui s'était subitement déroulé sur les Alpes, s'épaississait à chaque instant. Les eaux se coloraient d'une teinte d'un bleu ardoisé : de grosses nuées parcouraient le ciel, et se poursuivaient avec acharnement. Les brises, qui ridaient doucement le front du lac quelques instants auparavant, prenaient leurs voix sourdes, et mugissaient comme de véritables aquilons. Elles mordaient ces mêmes galets qu'une heure avant elles caressaient, et léchaient avec un enjouement plein de tendresse. Peu à peu cette belle colère s'apaisa : les grondements se turent. La ville de Neufchâtel reposait paisiblement, les étoiles émaillaient le firmament, et la lune reflétait son disque d'argent dans le miroir des ondes silencieuses.

La route de Berne.

Le pays est un parc continu. Les gares des stations sont de gracieux chalets entretenus avec soin : le lierre, la vigne vierge, qui en tapissent la façade, entrelacent leurs longues branches de tous côtés, et retombent en cascades de touffes et de rameaux dont l'élégance n'a d'égale que la fraîcheur. Le sable est ratissé avec un raffinement inconnu chez nous. Tout cela a un air de confortable qui séduit. On sent que l'élite de la fashion a dû passer par là et y a laissé cette habitude d'ordre et d'arrangement qu'elle possède à un si haut degré. Le soleil a déchiré la tunique bleue des nuages et déversé des paillettes de toutes les couleurs sur les maisons et les arbres. Les cabanes de sapins qui servent de retraite aux bergers ont un bouquet de fleurs au côté, comme des mariées de campagne. Le train affecte une allure lente parfaitement appropriée aux nécessités du voyage. Nous avons donc tout loisir convenable pour admirer les divers paysages qui se succèdent devant nous, comme les tableaux d'une pièce féerique. Nous entrons sur le territoire de la noble cité de Berne.

Aimez-vous les ours bruns, on en a mis partout.

Wagons, poteaux, maisons, voitures, gares, rien n'est épargné. On dirait que ce sont les dieux de la contrée. A tout prendre, les Égyptiens adoraient les navets, les poreaux, les oignons. C'était moins dangereux que de vénérer les confrères de Maître-Martin; mais ce n'était guère plus sensé. A Berne, c'est pis encore. Leurs Seigneuries fourrées dansent sur les colonnes, grimacent aux quatre coins des fontaines, rient d'une façon comique, ou prennent des poses burlesques au-dessus des horloges, des enseignes, des balcons et des fenêtres. Ces fortunés quadrupèdes, au nombre de quatre, habitent une vaste fosse, où se dressent deux sapins, droits comme des grenadiers au poste, qui leur servent de perchoir. Ils jouissent d'un revenu assez considérable, mènent une existence de pacha, et déploient leurs grâces pesantes aux regards des visiteurs. Certes, nous ne sommes point animé de dispositions hostiles à l'égard des créatures du bon Dieu, de quelque espèce que soit leur pelage : nous avouerons même que nous ne sommes pas loin de croire à l'esprit des bêtes. Nous pensons cependant qu'il est ridicule d'entretenir quatre vigoureux pensionnaires, qui seraient très-capables de pourvoir à leur subsistance. On utiliserait, à notre avis, plus sagement l'argent qu'on dépense à engraisser ces lazzaroni au museau noir, au profit des pauvres du canton. N'est-il pas triste de songer que tant de malheureux envient l'existence des rentiers au long poil des fosses de Berne? La ville mérite d'être visitée en détail. Ces maisons ronflantes à balcon, ces fontaines surmontées de mille statuettes, ces rideaux à peintures, ces bannes flottantes, cette vieille cathédrale tudesque, cet hôtel-de-ville, cette horloge à figurines, ces ruisseaux d'eau vive courant par petits canaux au milieu des rues, tout cela donne à cette antique cité une physionomie que l'on ne rencontre plus dans les autres parties de la Suisse.

Les orgues de Fribourg.

La cathédrale de Fribourg est un remarquable morceau d'architecture gothique ; une légion de statues d'un style primitif, mais d'une exécution originale, décore la façade d'entrée. Les orgues jouissent d'une célébrité européenne, qui n'a rien d'usurpé. On nous prévient que l'organiste en jouera ce soir. La nuit vient. La lune éclaire dans tous ses détails, et dans tous ses reliefs l'édifice dont la masse imposante se détache sur le fond étincelant du ciel. La ville repose dans le sommeil et le silence, ces deux frères de la mort. Un vieux sacristain, voûté, cassé, tenant à la main un falot, introduit les visiteurs dans l'église. Quelques cierges isolés, de distance en distance, projettent une lueur mélancolique sur tout ce qui nous entoure : la vue de ces flammes vacillantes éveille dans les esprits rêveurs le souvenir des âmes des trépassés errant au sein des ténèbres. Cette demi-obscurité convient bien au spectacle solennel auquel nous sommes conviés. Tout à coup les sons s'élèvent furieux et terribles, comme les clameurs d'une populace en délire, comme les hurlements sans nom qui se déchaînent au milieu des tempêtes. Bientôt le tumulte devient moins éclatant, le bruit diminue, et le fracas s'apaise brusquement. Des voix aussi douces et aussi plaintives que celles d'un essaim de jeunes filles implorant la miséricorde divine, au pied des autels, montent lentement vers la voûte éternelle, comme un parfum céleste. Ces chants atteignent peu à peu les plus sublimes harmonies des mélodies sacrées, puis les accents, s'affaiblissant graduellement, finissent par s'éteindre et se perdre dans le lointain. On dirait une lutte des troupes des démons, et des phalanges des séraphins s'efforçant d'appeler à elles la pauvre âme humaine égarée, qui cherche en trébuchant son chemin au milieu des ténèbres de l'erreur et du mensonge. Enfin, une voix majestueuse et redoutable, comme celle qui parla à Moïse sur le mont Sinaï, domine les imprécations des esprits du mal. Tout se tait : Dieu a prononcé son arrêt, et le pécheur l'a écouté avec ravissement. Il accourt vers son Sauveur, avec la joie du matelot dont les flots frappent en mugissant la barque fragile, et qui, après avoir vainement tenté de se diriger au sein de la tourmente, voit subitement briller devant lui l'étoile du salut.

Les gorges de Pfeffers.

Un chemin taillé à pic dans le roc conduit aux bains de Pfeffers. Les gorges se serrent et s'élargissent tour à tour : les dieux et la montagne s'irritent-ils d'être forcés d'ouvrir un passage au voyageur? La Tamina bouillonne avec colère, au travers des blocs cyclopéens, précipités par les Titans au milieu du torrent pour entraver sa course affolée. Au-dessus du fleuve surplombent des pics d'une élévation effroyable et des quartiers de rochers, à demi détachés du sommet, menacent, à chaque instant, d'écraser le téméraire qui a osé violer la solitude de ces défilés. On songe à Roland, au val de Roncevaux, aux Maures rangés sur le haut des Pyrénées et faisant rouler dans la plaine des masses énormes de pierre pour anéantir l'arrière-garde de Charlemagne. Les beaux vers d'Alfred de Vigny, la mort de l'héroïque paladin vous reviennent en mémoire, et on croit entendre par moment retentir dans le lointain le son du cor d'ivoire que le noble chevalier approcha jusqu'à trois fois de ses lèvres défaillantes, en pressant sa Durandal contre son cœur.

En quelques endroits, les crêtes des monts se rapprochent si étroitement, qu'elles interceptent les rayons du soleil, tandis que les grandes ombres s'allongent en rampant, comme un voile de deuil sur le dos des rochers.

Les avalanches ont fait de larges cicatrices aux flancs des monstres de granit; les blessures sont là encore béantes pour attester du courroux vengeur des éléments. A tout moment on s'imagine que ces lieux n'ont jamais été foulés par les pas des mortels, et qu'ils sont demeurés tels qu'ils étaient aux premiers âges du monde, alors que les animaux fabuleux, qui peuplaient le globe avant le déluge, erraient sur les plateaux vierges hérissés de pins gigantesques. On arrive aux bains en suivant une rampe, établie sur pilotis et appuyée contre les murailles humides qui s'entr'ouvrent à chaque instant pour laisser retomber la chevelure verte des plantes et des herbes sauvages. Il y fait presque nuit; on n'entrevoit le jour que par quelques fentes étroites qui permettent d'apercevoir des pans de ciel bleu : on pense aux damnés qui regardent, du fond de l'enfer, les bienheureux assis triomphants au séjour de gloire et de lumière. Le marbre est blanc et noir comme celui des cimetières; les grottes colossales, abondent; une d'elles imite la forme d'une gueule de baleine antédiluvienne. En bas, la Tamina, étranglée entre les rochers, se lamente et soupire après la liberté, tandis que le long des parois grisâtres ruissellent des gouttes d'eau glacée. Seraient-ce les pleurs des génies de ces antres profonds qui regrettent dans l'ombre la paix des anciens jours?

Une promenade dans la vallée de Lauterbrunnen.

Nous traversons, en sortant d'Interlaken, un village égaré dans les bois et formé de chalets de sapin. Les bons Suisses, qui sont bien les gens les plus débonnaires que l'on puisse rencontrer, fument leur pipe de porcelaine sur le seuil de leurs maisonnettes ; ils restent là des heures entières, sans ouvrir la bouche, plongés dans une somnolence béate, à contempler la fumée bleuâtre qui s'échappe en spirales légères du fourneau colorié de leur bien-aimée Pfeiffe.

Les femmes assises sur un seul rang, la tête ornée de fleurs, lisent la Bible, ou considèrent les voyageurs avec une gravité et un sang-froid dignes des anciens patriarches de la Judée. Les mœurs naïves de ces habitants, leurs goûts simples, leur vie rustique, leurs habitudes fixes et réglées comme le mouvement de l'horloge qui murmure son éternel tic-tac dans l'angle de leurs chambrettes, tout contribue à en faire de véritables cénobites. Beaucoup d'entre eux naissent, végètent, et meurent sans avoir rien connu du monde en dehors de leurs vaches, de leurs cabanes et des quelques étrangers qui les visitent. Cette existence est cependant loin d'être aussi monotone que celle des pâtres, qui durant des mois entiers s'enferment avec leurs troupeaux dans un *refuge* de sapin construit sur le haut des montagnes, tandis que la bise glacée de l'hiver souffle au-dessus des pics décharnés, et que la neige déroule son linceul blanc sur la vallée déserte. Robinson Crusoé n'était guère plus isolé au milieu de son île. La vallée de Lauterbrunnen est d'une rare fertilité. Les mélèzes hérissent les pentes verdoyantes de leurs bosquets ombreux. De temps à autre une cascade laisse glisser, en chantant, ses grappes argentées le long des rochers abruptes. A droite, les petites vagues du torrent tressaillent, avec une agitation fébrile, et inondent de leurs nappes blanches les débris de marbre qu'elles polissent, comme la croupe d'une jument d'Arabie; on voit frétiller dans l'écume des eaux une foule de poissons qui cherchent à lutter contre la rapidité du fleuve et dont les écailles miroitent par instants sous les rayons du soleil. A gauche, un ruisseau paisible chuchotte entre deux lisières de mousse fraîche, et mille fleurettes plongent dans ce courant leurs têtes coquettes.

Un aveugle, coiffé du chapeau tyrolien, que portent les chasseurs de chamois sculptés sur les coupe-papier en bois d'Interlaken, souffle dans une corne de sapin repliée en queue de serpent; l'écho répète ces accords avec une étonnante précision. Bientôt la gorge s'élargit. Un ravissant paysage se déroule à nos yeux. Mille chalets, aux toits surchargés de grosses pierres, s'éparpillent sur le dos de la montagne. On les prendrait, tant ils sont petits et éloignés, pour ces maisonnettes qu'on vend dans des boîtes et qui ornent les étagères élégantes.

Quelques vaches, à la robe brune, s'abreuvent dans des auges de sapin. Les glaciers du Grindelwald étincellent à l'horizon. Des nuages d'une blancheur mate flottent autour des pointes des pics dénudés, et ressemblent à des débris d'un voile déchiré. Le ciel est d'un bleu azuré. A quelques pas devant nous, une cascade tombe d'une immense hauteur, comme une écharpe à frange d'argent, qu'une fée déroulerait : l'eau pleut en poussière, aussi fine que la rosée du matin qui perle sur les touffes des herbes, et les rayons du soleil entremêlent les diamants aux émeraudes et aux rubis qui s'échappent de l'écrin invisible.

Deux divinités radieuses.

Quelle est cette jeune reine des Alpes, vêtue tout le jour d'une robe d'hermine, qui jette sur ses épaules, quand vient le soir, un voile de gaze rose d'une éclatante couleur? Les baisers du matin caressent amoureusement sa tête radieuse, et la brise chasse peu à peu les nuages qui ternissaient la pureté de son front immaculé. Elle sourit dans sa grâce et sa majesté divines à ce peuple d'admirateurs empressés, venus de tous les pays du monde pour la contempler? C'est la Yung Frau, la vierge farouche, la souveraine des Alpes. Quel est donc aussi ce génie à la tunique bleue et à la taille orgueilleuse qui semble menacer le ciel? C'est son fiancé, le glacier du Grindelward.

Le Giesbach.

De la terrasse du Giesbach, le voyageur domine tout le lac de Brientz, qui repose, immobile, sans une ride, comme une glace à reflets de nacre sous les derniers feux du soleil, à demi effacé derrière les cimes des Alpes. Deux îles, d'une végétation luxuriante, s'épanouissent à la surface des ondes et s'y réflètent avec leurs bouquets d'arbres et leurs touffes de roseaux. De chaque côté descendent, en pente douce, les versants des montagnes hérissées de mélèzes; la lumière les colore de teintes variées, tous les tons imaginables du vert, étalés sur la palette du peintre le plus habile, ne donneraient qu'une faible idée de la différence des effets produits sur chaque branche. Un point scintille au loin comme une lame d'acier : c'est le lac de Thünn. La cascade du Giesbach accourt en galopant au travers des rochers en lançant au loin des tourbillons d'écume. Le paysage est d'un aspect féerique et surpasse les plus somptueux décors du Châtelet. Les troupeaux d'hétaïres, qui y étalent d'ordinaire leurs nudités peu réjouissantes, et qui, suivant l'énergique expression de Jules Janin, se transforment en point de mire pour les lorgnettes des vieillards abrutis, manquent complétement. Que les cocodès le regrettent, toutes les opinions sont libres ; quant à nous, nous admirons sans réserve cette merveille de la création qui se présente à nous dans sa grandeur et sa simplicité primitive. La mise en scène n'a pas coûté des sommes fabuleuses, c'est vrai ; mais l'ordonnateur suprême de ce spectacle s'appelle Dieu.

Le serment des trois chefs.

Les vierges de la nuit ont déroulé leurs voiles,
Et posé sur leurs fronts la couronne d'étoiles;
La lune dans les flots mire son front serein
Et chaque rocher semble un bouclier d'airain,
Sous les pâles reflets que son disque projète :
Les vagues de granit dressent leurs larges crêtes,
Sur le fond azuré du vaste firmament.
Et chaque astre parait un œil étincelant,
Ouvert pour protéger cette troupe héroïque,
Prêtant, le glaive en main et d'une voix stoïque,
Ce sublime serment, par l'écho répété :
Mourons pour la patrie et pour la liberté!

Le lac des Quatre-Cantons.

De toutes parts s'estompent les pics abruptes. Tantôt ils sont couverts de ces épaisses forêts de sapins que Doré excelle à dessiner ; sur les autres s'étend un moelleux tapis de verdure où sont disséminées quelques maisonnettes au toit rustique. Ceux-ci affectent des contours de tourelles, de bastions de châteaux féodaux ou de murailles crénelées. Les arêtes de ceux-là se découpent en âpres festons. A droite le Righi s'enveloppe dans un manteau de nuages qui cachent son front aux yeux des voyageurs ; un rayon de soleil les dissipe, mais ils ne tardent pas à se reformer. Le Pilate détache à l'horizon sa silhouette sauvage et nue. Une légende fantastique plane sur ces cimes. Lorsque les vents, se déchaînant sur le lac, y soulèvent la tempête, Pilate, debout sur son rocher, la fourche à la main, commande aux génies des ouragans, et ses éclats de rire lugubres se mêlent aux clameurs des aquilons en délire. Plus loin, on remarque une petite chapelle destinée à rappeler au peuple suisse le souvenir de l'héroïsme de Guillaume Tell, et devant laquelle se découvrent respectueusement tous ceux qui portent dans leur cœur le culte des grands souvenirs. On voit aussi le lieu où, enthousiasmés par la beauté des montagnes, les trois chefs jurèrent de rendre la liberté à leurs frères opprimés. On comprend que Rossini soit venu chercher ici ces magnifiques inspirations, qui devaient se traduire dans ces airs si justement célèbres que tous connaissent, et que tous ont applaudis. Il n'aurait trouvé nulle part un endroit plus propre à la composition, et plus fait pour transporter son âme dans les régions sublimes de la musique et du chant.

Soudain une détonation éclate : une mine a sauté ; d'énormes rochers roulent avec fracas dans les flots, au milieu des nuages d'une fumée grisâtre, et des bandes de poissons zébrés se dispersent effarés. Dans le lointain surgissent des glaciers que les chamois seuls habitent, et qui seraient inaccessibles aux plus hardis chasseurs. Une route taillée dans les flancs de la montagne traverse d'immenses galeries éclairées par de nombreuses ouvertures : quelles superbes loges pour assister à cet éternel opéra de la nature et des cieux ! Les fentes qui rayent le dos des monstres de pierre ont l'air de serpents gigantesques déroulant leurs anneaux aux replis bizarres.

Dans quelques parties du lac le paysage devient moins sévère. L'eau a des teintes d'émeraude : mille petites vagues forment et déforment tour à tour leurs arabesques ; le ciel est d'un bleu sombre. Les villages assis au bord des flots y lavent leurs pieds mignons ou y mirent leur front joyeux, les chalets sont d'une jolie construction et les rayons du soleil jettent dans les vitres une pluie d'or. Les cimetières ont un aspect de gaieté en harmonie avec le reste du tableau : les croix sont peintes de mille couleurs, le chèvrefeuille s'entrelace autour des tombes en rubans capricieux, des bouquets de rosiers s'épanouissent au souffle de la brise : tout cela respire l'innocence et la paix. Des barques pavoisées courent sur les ondes, tandis que la bannière à croix blanche flotte au gré du vent. Cependant les heures fuyaient et le jour allait finir : une longue bande violette rayait l'horizon ; sur les ondes s'esquissaient des zig-zags étincelants ; des vapeurs légères, semblables à des flots d'encens offerts aux dieux des montagnes, tourbillonnaient au-dessus du lac où le soleil se brisait en faisceaux éblouissants. Des nuages argentés et rosés parsemaient l'azur gris, comme des festons brodés sur un manteau de velours : la neige brillait d'un éclat plus vif; le toit d'un chalet scintillait dans un angle de rochers, comme l'escarboucle de la bague d'un grand-vizir. Lucerne s'évanouissait au milieu d'un fond noyé d'ombre avec ses remparts, ses tours, ses clochers, ses châteaux, ses maisons gothiques, on eût dit une cité fantastique entrevue dans un rêve.

Lucerne.

Les peintures des ponts de Lucerne sont singulièrement curieuses. Deux surtout attirent l'attention : l'une représente un bal chez Louis XVI. Les candélabres ruissellent de lumières; les varlets circulent au milieu des salons pompeusement décorés; les marquises poudrées agitent leurs éventails Watteau avec une moue coquette; les jeunes seigneurs, en habit de gala, l'épée en verrou, la mine hautaine, vont et viennent au milieu d'une foule élégamment parée. Tout à coup entre un visiteur inattendu; c'est un arlequin masqué, à l'allure mystérieuse. Un pierrot s'approche de lui avec le roi et les courtisans pour le saluer. L'inconnu ôte son loup et à sa face décharnée, on reconnaît la Mort ! Effroi des assistants. En face, c'est le boudoir de Marie-Antoinette. Les filles d'honneur s'empressent à l'envie autour d'elle. L'une apporte les bijoux, l'autre présente le miroir de Venise ; derrière elles, une grande femme blême suspend en silence, au-dessus de la tête de la reine, une couronne de roses flétries. C'est encore la Mort ! Il y a dans ces fresques étranges je ne sais quelle philosophie terrible qui émeut l'âme du voyageur. Cela rappelle les lugubres compositions du moyen âge, connues sous le nom de *Danses macabres*, où les artistes montraient les squelettes des monarques confondus, dans une ronde infernale, avec ceux des vilains.

Le lion de Lucerne.

Je n'ai jamais aimé ces écrivains farouches
Qui prodiguent l'insulte à ceux qui ne sont plus.
Le mot de tolérance est toujours sur leur bouche,
Mais ils sont les premiers à flétrir les vaincus !

Aux soldats de Marat tressant une couronne
Ils traitent hautement de suppôts du tyran,
Les martyrs de l'honneur qui, rangés près du trône,
Tombèrent pour sauver le pouvoir expirant.

Le poëte n'a pas de ces haines vulgaires,
Il admire la garde aux champs de Waterloo,
Et sèche avec amour les pleurs des pauvres mères
Dont les fils sont couchés à Castelfidardo !

Qu'il est beau ce lion que d'une main puissante,
Un artiste a sculpté dans les flancs du rocher :
Il laisse retomber sa tête languissante,
Et l'on voit dans ses yeux les larmes déborder.

La résignation sur son visage est peinte.
Il s'apprête à la mort; et les rayons dorés
Dessinant sur son front une auréole sainte,
Font revivre un instant ses traits transfigurés.

La chute du Rhin.

Une première avant-garde de rochers arrête le Rhin, qui accourt avec rapidité, se heurte brusquement contre l'obstacle et retombe en panache d'écume blanche, entremêlée d'émeraudes; il se brise ensuite contre un rempart de récifs à demi-engloutis sous les flots, et se disperse en mille cascades de gerbes éblouissantes de diamants, qui se précipitent dans des gouffres béants : on dirait une avalanche de neige d'une éclatante limpidité. Deux blocs monstrueux dressant leurs têtes farouches hérissées de broussailles, émergent du fond des eaux; les ondes s'élancent à l'assaut de ces masses, essaient vainement de les escalader, les battent avec acharnement de leurs vagues mugissantes, et s'échappent par une brèche gigantesque que les siècles ont creusée au milieu des mousses et des herbes ruisselantes : on s'attend à voir les crânes des Titans se détacher subitement et rouler dans l'abîme avec leurs chevelures d'arbrisseaux sauvages.

Plus loin s'élèvent des tourbillons de vapeurs qui semblent sortir des enfers; le torrent, étranglé et resserré entre les écueils, bondit comme un coursier captif, en poussant des hurlements lamentables; au bas de la chute, le fleuve coule paisiblement : le lion, harassé du carnage, se repose.

Pas un nuage ne ridait le front du ciel, pas un souffle de vent n'agitait les feuilles des arbres; un arc-en-ciel se plongeait dans le Rhin, comme un oiseau du Paradis, en déroulant son ruban multicolore qui se formait et se rompait à chaque instant. En face de nous, les habitants d'un hameau allaient et venaient; la fumée des maisonnettes montait en colonnes joyeuses entre les peupliers qui bordaient la rive. Deux pigeons se becquetaient amoureusement en roucoulant sur un toit de chaume; soudain, l'un d'eux prit sa volée et se posa doucement sur une pointe de rocher à découvert au milieu du fleuve; l'autre, après avoir hésité un instant, l'y suivit, et tous les deux se poursuivirent dans le ciel bleu en rasant de leurs ailes blanches les ondes écumantes avec une insouciance charmante du danger. Éternel contraste entre les nombreux spectacles de la nature, qui tantôt sourit et tantôt s'irrite. En haut, un convoi filait en jetant au loin des flots de fumée grisâtre, symbole du triomphe de l'homme sur les éléments.

. . .

La descente du Splugen la nuit.

Les rochers se soutiennent les uns les autres dans un entassement bizarre voisin du chaos. Les racines des hêtres se rattachent aux parois arides, comme autant de mains se cramponnant aux flancs de la montagne. Aucune description ne donnerait une idée exacte de ces arbres rabougris, à demi-terrassés par les ouragans, noircis par les pluies, qui se tordent dans des convulsions désespérées. Les ombres nocturnes leur prêtent mille contours fantastiques, et on frissonne en jetant un regard furtif sur cette troupe de géants aux gestes courroucés, aux attitudes tourmentées, qui peuplent seuls de leurs silhouettes difformes la solitude des gorges du Splugen.

D'énormes blocs jonchent la vallée, comme les dés d'un damier immense. Des ruines de castels effondrés surplombent du haut des pics dénudés et chauves. On entrevoit dans la plaine des groupes de maisons vides, les fenêtres closes, les toits renversés, les murs dégradés. Pas un homme. Pas un être vivant. Ce sont des villages abandonnés. On devine que les avalanches ont passé par là. La mort plane sur ces lieux désolés. Le torrent gronde à vos pieds, et entraîne dans sa course des sapins dépouillés de leur feuillage dont il charrie les cadavres décharnés. Arrivée au sommet du Splugen, la diligence descend en suivant les nombreux lacets de la route qui s'enroule en zig-zags autour de la montagne. On craint à chaque instant d'être lancé dans les précipices, lorsque les sept chevaux tournent à la fois et que la flèche gémit en se courbant.

Cependant la nuit est venue. La longue chaîne des Alpes ondule au milieu des vapeurs du soir qui l'enveloppent comme autant de voiles mystérieux. La lune, à demi-masquée par les crêtes des pics argentés, éclaire vaguement ce paysage. Les rochers brillent dans l'ombre comme des armures d'acier; la végétation a complétement disparu. C'est le désert dans toute sa sauvage aridité! Les nuages sont descendus si bas, qu'ils rasent de leurs ailes brunes la vallée silencieuse. La nature assoupie sommeille paisiblement et les grelots des chevaux réveillent seuls les échos endormis.

Une messe à Chiavenna.

Le soleil allume les vitraux de mille couleurs, et colore un instant le visage pâle des chevaliers peints sur les fresques des murailles de l'église. Un grand rideau pourpre entoure les colonnes torses du maître-autel, les cierges brûlent dans les chandeliers de cuivre étincelant. Le prêtre s'avance : la messe va commencer. Les muletiers de Chiavenna, à la culotte courte, à la jaquette de velours, agenouillés sous le portique, tiennent à la main leurs *sombreros* à glands. Les uns égrènent leurs chapelets d'olivier, les autres récitent leur *Ave Maria*. Il y a quelque chose de singulièrement touchant dans le soin avec lequel ces pauvres montagnards s'acquittent de leurs devoirs religieux. Les jeunes filles, dont la mantille de dentelle encadre le doux visage, abaissent leurs longs cils noirs, croisent leurs *maninæ* et murmurent leurs prières de leurs lèvres plus rouges que le collier de corail qui serpente autour de leur cou. L'encens monte en tourbillons vers la voûte, et les cloches jettent aux échos mille notes babillardes. On sent dans les airs par instant comme un vague frémissement d'ailes. Il semble que l'on soit en plein moyen âge, tant l'assistance est recueillie et attentive. A quelques pas de là, des têtes de mort entassées dans des chapelles, et figurant d'affreuses arabesques, grimacent derrière les barreaux rouillés des grilles de fer, emblème funèbre destiné à rappeler sans cesse aux vivants la pensée du trépas.

Milan et ses chefs-d'œuvre.

La bibliothèque Ambroisienne est un des ornements de Milan. Entre autres curiosités, on y remarque les gants que Napoléon portait à Waterloo, et une mèche de cheveux rouges qui ont appartenu à Lucrèce Borgia. Les toiles célèbres abondent. Nulle n'est, à notre avis, comparable au Mariage de la Vierge, de Raphaël. Tout indique dans ce tableau le dernier et suprême effort de l'élève du Pérugin qui, après avoir longtemps copié son maître, cherche à s'affranchir de toute imitation et à devenir un peintre original. Le génie de l'artiste prend son essor et va bientôt s'envoler vers les régions de l'idéal. La Cène, de Léonard de Vinci, est très-effacée, mais un œil exercé parvient peu à peu à combler les vides et à la rétablir, du moins par l'imagination, dans l'état où elle se trouvait avant d'avoir subi les ravages du temps. Tous les personnages de cette fresque se détachent sur le fond, dans un lointain un peu confus. Il semble qu'on les aperçoive derrière un nuage, et qu'ils se dérobent aux regards profanes, comme si les yeux des pécheurs n'étaient pas dignes d'admirer le visage du Sauveur dans tout l'éclat de sa majesté. L'arc de triomphe et l'amphithéâtre sont l'œuvre de Napoléon. Il songea longtemps à faire de Milan la capitale de l'Italie du Nord ; aussi se plut-il à l'embellir avec soin, et elle devint bientôt une des plus superbes cités de la Péninsule.

La cathédrale.

Il pleut : des torrents d'eau tombent par la gueule des crocodiles, des sphinx, des serpents, des licornes, et des autres animaux fabuleux qui grimacent aux angles de la cathédrale. La forêt des clochetons, des flèches, des aiguilles, des arcades, se découpe en festons de dentelle, sur le ciel d'un gris triste. En haut, le visage humide de pleurs, les mains jointes, saint Charles Borromée appelle la bénédiction de Dieu sur ses enfants. Quinze mille fleurs ouvrent leurs pétales. Des légions d'anges déploient leurs ailes au-dessus des nymphes, des sirènes échevelées, des tritons fabuleux qui les contemplent avec un aspect mêlé d'effroi. Les gardes, armés de leurs lances, se dressent sur le sommet des tourelles les plus élevées, et veillent en sentinelles attentives à la sûreté de l'église.

Autour des portes décorées de fruits artistement sculptés, les séraphins radieux sourient aux fidèles qui viennent prier. Les lions promènent leurs regards farouches autour d'eux. Les saints lisent les psaumes, les apôtres pensifs, formant une garde d'honneur autour de chaque colonne du temple béni, sont debout dans leur éternelle sérénité. Les rois, les reines, les princes, les poètes, les peintres, échelonnés sur toutes les façades, murmurent entre eux des paroles incompréhensibles pour les oreilles humaines. Les martyrs prêts à s'envoler vers le roi du monde, tiennent à la main leurs palmes triomphantes et entonnent un hymne d'allégresse. De ces statues, les unes sont blanches et immaculées comme la neige qui étincelle aux premiers rayons du matin sur les cimes vierges des pas des mortels. Les autres sont brunies par le temps, et ces teintes sombres ajoutent encore à la majesté de ces filles d'un ciseau inspiré. Sur le haut de la cathédrale sont placés deux groupes de Canova, représentant Adam et Ève enveloppés, l'un dans une peau de bête féroce, l'autre dans ses blonds cheveux qui ruissellent sur ses épaules. Contraste frappant entre la faiblesse de l'homme à son origine, et la puissance de ses descendants qui sont parvenus à créer ces merveilleuses productions. Soudain le ciel s'éclaircit ; des flots de lumière dorée inondent tout l'édifice, et font à chacun des soldats de cette glorieuse armée de la foi une auréole éblouissante, qui anime et transfigure le marbre insensible.

Les hercules qui supportent les voûtes sur leurs larges épaules, sentent en ce moment une vigueur nouvelle circuler dans leurs membres fatigués. Ils se redressent plus hardis, et plus fiers que jamais, sous les caresses de la chaleur bienfaisante.

Les Milanaises.

La vie et l'activité règnent dans chaque quartier de Milan. Le ciel est resplendissant. Les équipages élégants sillonnent les promenades ; les chemises rouges des garibaldiens émaillent de leurs tons vifs la foule bigarrée. Une grande agitation règne dans les cafés. On y lit les journaux ; on y discute bruyamment sur les événements du jour. Les belles Milanaises, coiffées de leurs mantilles, se pavanent sur les trottoirs, et les queues demesurées de leurs robes de soie ajoutent encore à la grâce de leur démarche.

Les bouquetières, au frais minois, vous offrent des roses et des œillets, en accompagnant leurs propositions d'une phrase aimable dite avec cet accent italien si musical et si doux.

Si vous hésitez, elles vous les mettront elles-mêmes à la boutonnière, avec un sans-façon qui ne manque pas de charme. Acceptez cette décoration, elle en vaut bien une autre, car elle n'exige aucune génuflexion ni aucune courbette à l'endroit des gros bonnets des cours.

L'église de Saint-Ambroise et son sacristain.

L'église de Saint-Ambroise est un monument d'une conservation unique. Ce ne sont que colonnes et chapiteaux du style roman, que statues grotesques d'hommes et d'animaux, que frises ornées de feuilles de palmier entremêlées de dessins bizarres attestant une grande inexpérience de l'art de la ciselure, mais d'un travail naïf et original.

Le custode de l'église constitue, à lui seul, une des plus intéressantes variétés de l'espèce. Au costume près, il est tout à fait dans le style. Nous croyons même qu'en cherchant bien, on retrouverait son portrait parmi les têtes bouffonnes sculptées, au-dessus du portail d'entrée, par un artiste satirique.

Jambes en forme de colonnes torses, dos voûté, bras en pattes de crabe, yeux percés à la vrille.

bouche prête à mordre les oreilles, nez écrasé et émaillé aux extrémités de verrues où fleurissaient quelques touffes de poil blanchi, crâne rasé et recouvert d'une calotte à soie usée, démarche sautillante, voix pateline, rire béat, fêlé comme celui d'une sonnette d'église; voilà le personnage. Une belette, un vrai rat de sacristie, un cousin du Boirude, de Despréaux, Daumier l'aurait croqué avec bonheur. Nous le récompensâmes selon ses mérites. Son petit muffle de fouine s'allongea amoureusement et flaira la monnaie; ses yeux pétillèrent de convoitise, il poussa un grognement de cupidité satisfaite, nous salua jusqu'à terre, et épuisa le dictionnaire de ses remerciements flatteurs en nous inondant d'un déluge de bénédictions.

Le lac de Côme.

C'est un des sites les plus délicieux qui soient au monde : on voudrait y vivre, à deux, de la vie des songes, contempler ces bords chéris pendant tout le jour et, le soir, accoudé sur son balcon, passer des heures entières à s'enivrer de poésie sans jamais se rassasier de ce ravissant spectacle, aux effets toujours changeants et toujours enchanteurs. Ces villages, étagés sur les montagnes, qui se regardent dans les eaux, ces maisons peintes de mille couleurs, ces forêts de sapins, ces escaliers semblables à ceux des palais de Venise, et dont les flots couvrent de baisers humides les dalles blanches tachées de rose, comme si elles avaient été arrosées du sang de Vénus, ces gondoles fuyant comme des oiseaux en rasant le miroir du lac argenté, ces rameurs au costume varié qui fredonnent une barcarolle italienne, ces pavillons tapissés de vignes vierges, ces tonnelles formées par les branches des orangers et des citronniers, ces bosquets de lauriers-roses et de myrtes en fleurs, cette exubérante végétation qui n'a de rivale que celle des tropiques, ces élégantes villas peuplées des chefs-d'œuvre de Canova, ce ciel éternellement bleu, ces mille parfums mêlés aux souffles de la brise et aux caresses du soleil, ces jets d'eau jaillissant au milieu des bois, tout cela vous fascine et vous captive. Les beaux vers de Lamartine vous reviennent en mémoire. On souhaite que les heures suspendent un instant leur vol fugitif, et qu'une divinité bienfaisante, arrêtant la marche du temps, vous permette de prolonger encore cette douce félicité. Les vrais moments de bonheur que l'homme goûte sur cette terre sont rares : aussi doit-il savoir les apprécier, et en conserver soigneusement le souvenir dans son cœur : quand l'hiver survient, quand ses cheveux blanchissent, et qu'il pense au passé évanoui pour toujours, il se complait à évoquer les tableaux qui ont charmé sa jeunesse, et, disons-le avec le poète :

« Ce sont ces rêves-là qui font que la vieillesse
« Parfois dans l'abandon des soirs mystérieux,
« A comme un grand éclair qui lui sort par les yeux ! »

Isola Bella.

Au milieu du lac Majeur flottent trois îles : un géant y posant le pied le traverserait en trois enjambées. Isola Bella est divisée en deux parties : le hameau et le château. D'un côté, les cabanes des pêcheurs s'adossent au rocher. C'est là que logeaient les anciens bateliers. Leurs descendants auraient pu transporter ailleurs leurs pénates ; mais non, le nid était tout préparé, ils s'y sont installés. Leurs pères sont nés là, y ont vécu et y sont morts : ils feront comme eux. Le palazzo d'Isola Bella est une production du genre Mignard. De grands escaliers froids et nus conduisent aux appartements. Ce ne sont que plafonds ornés de décorations mythologiques, qu'alcôves et lits à colonnes dorées, que rideaux de damas, que fauteuils de velours, que galeries remplies de portraits de famille représentant des marquis raides, ennuyés sous leurs costumes pompeux et leurs perruques à ramages. Toujours ce luxe fastueux et cet étalage de magnificence.

Des souterrains décorés de coquillages supportent l'édifice. Le parc est à l'avenant. Une grille de fer, véritable merveille de serrurerie, ferme l'entrée des jardins. Des grottes de rocaille abritent des statues aux poses maniérées qui se cachent sous un manteau de lierre touffu. Les allées sont tracées avec une précision mathématique : le sable est ratissé avec soin. Les bosquets sont peignés de la façon la plus coquette. Tout cela sent son petit Versailles. Le buis, taillé avec un goût irréprochable, imite les contours des lettres majuscules. On devine qu'une armée de jardiniers de l'école de Le Nôtre a passé par là avec ses ciseaux, pour travailler à la toilette de chaque arbrisseau. Les pins en forme de pyramide, les ifs droits comme des obélisques égyptiens, dressent dans les airs leur silhouette maussade. Mme Deshoulières et ses chères brebis aux rubans roses auraient aimé errer dans ces sentiers fleuris. Sur trois rangs de pierre, parallèles à trois rampes d'escalier, s'alignent trois lignes de vases de fleurs de même espèce. Au-dessus se cabre un cheval, monté par une Renommée, embouchant la trompette d'un geste solennel. Une procession de dieux et de déesses antiques, en costume Louis XIV, s'échelonne sur les marches de marbre; des Cupidons, qui ont dû prendre des leçons de maintien aux maîtres de danse, minaudent sur des colonnes. Un paon égaré fait la roue avec les airs de contentement des duchesses à l'altière Fontange, promenant d'un pas mesuré et savant leurs ennuis et leurs longues robes au milieu des allées. C'est le moment où le roi-soleil figure dans les ballets avec Mlle de La Vallière et où, suivant un mot célèbre, « les paysans des provinces mangent de l'herbe comme des bêtes. »

Le val de Monte.

Le col de la Tête-Noire est un des plus pittoresques d'entre tous ceux qui conduisent de Martigny à Chamounix et au Mont-Blanc. Les paysages qui se succèdent ont tous un cachet particulier. Le plateau du Val-de-Monte nous a singulièrement frappés. La température s'était tout à coup abaissée. Un vent glacial soufflait brusquement, et ridait les flaques d'eau miroitant comme des débris de glace brisée, et d'où émergeaient les touffes grêles de joncs desséchés. Les bergers drapés dans des peaux de chèvre s'accoudaient sur leurs bâtons rustiques; autour d'eux, les vaches à la robe noire broutaient quelques maigres brins d'herbe, ou se reposaient dans des attitudes dignes d'être reproduites par le pinceau d'un artiste. Les bouquets de bruyères roussâtres se courbaient sous les efforts de la brise. Les ombres du soir s'allongeaient sur ces montagnes arides dont quelques points reluisaient encore sous les derniers feux du soleil : de tous côtés, d'énormes blocs de marbre jonchaient la vallée. Des nuages gris ternissaient l'azur du ciel : mille petits ruisseaux babillards couraient, en sautant d'une berge à l'autre, et en décrivant des méandres capricieux. Sinistre souvenir. On lit sur une croix de sapin, étendant ses bras comme un fidèle implorant le Seigneur, cette simple inscription :

« *Ici a péri le* 3 *mars* 1825 *sous une avalanche M. le comte des Ouches, âgé de* 18 *ans. Passants, priez pour lui.* »

Ces seules paroles en disent plus que bien des épitaphes composées à grands frais d'imagination et de style. Le voyageur, ému, se découvre respectueusement et se signe en disant :

Il avait dix-huit ans : c'est trop tôt pour mourir.

La Chaîne du mont Blanc.

La chaîne du mont Blanc ondule à l'horizon et découpe hardiment ses contours abruptes sur le fond d'un ciel immaculé. On dirait une assemblée de rois enveloppés dans leurs manteaux d'hermine, dont chaque glacier figure les plis flottants. Le soleil les couronne d'un diadème d'or. Au-dessus de tous se dresse le mont Blanc ; ses crêtes menacent la coupole céleste, et ses pentes blanches paraissent s'embraser sous les ardents baisers du matin. La mer de glace déroule au loin ses vagues immobiles, comme celles d'un océan pétrifié. Tout autour de vous s'estompent, en lignes vigoureuses, les silhouettes des Alpes, rayées de taches jaunâtres, hérissées d'aiguilles, de flèches et de pointes qui leur donnent l'aspect d'une suite de cathédrales de neige. Le chant des cascades qui glissent le long des rochers, et s'égrènent comme les perles d'un collier brisé, trouble seul le silence de cette solitude. Il y a dans ces mélodies je ne sais quel sentiment de tristesse et d'amertume qui serre le cœur. On croit entendre les lamentations de nymphes invisibles. Ces gémissements se confondent avec ceux des vents qui font craquer sourdement les branches des sapins, entr'ouvrant leurs plaies béantes, d'où découle la résine jaunâtre. En bas, par un contraste saisissant, étincellent les toits des maisonnettes disséminées parmi les champs cultivés. La vie en face de la mort.

Parfois, quelques audacieux, dévorés par la soif des aventures et des émotions, tentent d'escalader les flancs du mont Blanc. Ils partent la confiance dans l'âme, le visage rayonnant. Ils vont, tantôt s'avançant avec peine au milieu des crevasses, s'appuyant sur leur bâton ferré, et suivant les pas d'un guide expérimenté; tantôt franchissant des précipices effrayants, tantôt se hissant à l'aide de cordes. Soutenus par l'espérance et animés par l'ardeur de tout connaître, ils marchent toujours devant eux. Souvent ils arrivent sains et saufs au terme de ce périlleux voyage; ils atteignent les sommets les plus élevés; ils promènent leurs regards triomphants autour d'eux; ils dominent une immense étendue de pays; l'orgueil gonfle leur poitrine;

ils songent au retour et aux ovations qui les attendent. Mais quelquefois aussi les génies de la montagne s'indignent de ce défi jeté à leur puissance; ils s'irritent à la pensée que des mortels ont osé violer leur domaine et flétrir la robe blanche de leurs vierges bien-aimées. Ils se révoltent, déchaînent la meute furieuse des vents maudits qui soulèvent d'épais tourbillons, aveuglent les voyageurs, les entraînent dans les crevasses sans fond, où depuis des milliers d'années les eaux tombent goutte à goutte dans des coupes de cristal vert d'une éternelle limpidité. Le sang des victimes rougit le sol qui le boit avidement, et bientôt la neige roule sur ces cadavres inanimés

« Les plis silencieux de son linceul mouvant. »

Voltaire et Rousseau.

Une visite à l'ermitage de Ferney nous a inspiré les réflexions suivantes. Les jugements que l'on a émis sur Voltaire ont été nombreux et variés. Il est difficile d'apprécier l'auteur de *Zaïre* à sa juste valeur, tout en restant dans une mesure convenable. Pendant cinquante ans il battit en brèche la religion, et chercha à faire prévaloir les principes de tolérance. Aussi son nom seul suffit-il à déchaîner contre lui les colères de ses adversaires et à provoquer les réclamations enthousiastes de ses disciples. Il faut reconnaître que Voltaire a été l'un des écrivains les plus spirituels, et l'un des génies les plus féconds que la France ait produits, qu'il a plus d'une fois défendu les victimes du fanatisme et de la tyrannie, et qu'il a singulièrement contribué à propager les idées libérales destinées à triompher en 1789. Mais on peut déplorer qu'il se soit laissé aveugler par sa haine contre le catholicisme dont il a méconnu l'incontestable grandeur, et qu'il ait cédé trop facilement à ces deux mobiles également blâmables qu'on nomme : l'égoïsme et la vanité. Son système philosophique est loin d'être à l'abri de toute critique : car quelles que soient les précautions qu'il ait prises pour dissimuler les conséquences de ses doctrines, ses théories aboutissent au matérialisme le plus complet.

Une route charmante, bordée de magnifiques peupliers, conduit de Genève à Ferney. On arrive à l'ermitage de Voltaire par une longue avenue de tilleuls, où se promena souvent le vieillard moqueur en s'appuyant sur cette fameuse canne qui, par un prodige inexplicable, a vu naître autour d'elle une famille de sœurs lui ressemblant à s'y méprendre. En face de la maison, pardon du château, on s'y tromperait aisément, est bâtie une modeste chapelle portant cette inscription légèrement entachée de vanité : « *Deo erexit Voltaire.* » Les petits cadeaux entretiennent l'amitié, a dit à cette occasion Figaro. Un gardien, à l'aspect vénérable, introduit les profanes dans l'enceinte sacrée, après avoir récité avec une conscience louable, une notice sur la vie et les œuvres du patriarche de Ferney. Dans la salle à manger on remarque une collection nombreuse de tableaux mythologiques d'une décence plus que douteuse, mais, en revanche, d'une exécution médiocre. Il y avait là de quoi réjouir celui que le poète nous montre :

Bedeau du temple de Cythère,
Présentant à la Pompadour
Sa vieille eau bénite de cour.

Sur un cénotaphe sont gravées ces touchantes paroles : « Son nom est partout et son cœur est ici. » Ces lignes mémorables sont l'œuvre d'une grande dame, qui eut quelques relations amicales avec le philosophe. Dans la chambre à coucher sont rangés le lit, les meubles, et le célèbre fauteuil dont tant de gens croient posséder un exemplaire authentique. La foi seule sauve en pareille occurrence. En face de l'alcôve, l'illustre Catherine II, impératrice de toutes les Russies, sourit dans un cadre doré. Il fallait que cette princesse fût douée d'un esprit finement trempé, pour que tous les hommes célèbres de cette époque trouvassent tant de charmes dans la compagnie d'une parente aussi éloignée de Vénus.

Au milieu du Rhône se dresse une petite île ombragée de platanes, où s'élève une statue de Jean-Jacques Rousseau, qui est une des meilleures œuvres de Pradier. Le célèbre apôtre de la cause populaire, qui prédit le triomphe définitif du suffrage universel un siècle avant l'accomplissement de cet événement unique dans les fastes de la nation française, est assis dans une attitude méditative; à ses pieds fuit, comme une flèche lancée par un Mohican, ce fleuve dont la marche rapide semble être l'image fidèle de ce peuple génevois si actif, si industrieux et si paisible. Les dernières élections ont été un peu agitées; mais la perfection ne se rencontre pas en ce monde. La ville est dans une situation très-pittoresque; ses maisons se mirent dans le lac le plus limpide qui existe en Europe, et les Alpes dessinant au loin leurs formes imposantes, servent d'encadrement au tableau.

Quand on essaye de caractériser d'une façon sérieuse la physionomie de Rousseau, on commence par faire soigneusement la part de l'homme et celle du philosophe. Lorsqu'on l'envisage sous ce premier aspect, on éprouve pour lui un mépris et une répugnance invincibles; l'histoire de sa vie, qu'il a racontée lui-même, est peu digne d'éloges : il est triste de le voir traîner dans la boue et accabler de malédictions les femmes dont il mendiait naguère, avec tant de cynisme, les faveurs passagères. Mais lorsqu'on considère l'écrivain, on se sent, malgré soi, subjugué par l'irrésistible ascendant qu'exerce sur l'imagination et le cœur l'analyse éloquente des passions les plus intimes de l'âme unie à une incomparable perfection de style. Rousseau était spiritualiste ; il a rendu un éclatant témoignage d'admiration à la religion catholique dans la profession de foi du Vicaire Savoyard, et il a proclamé hautement la sublimité de la Bible.

Rousseau est, en outre, le précurseur de Bernardin de Saint-Pierre, de Châteaubriand, de Lamartine et de cette légion d'illustres poètes, qui créèrent le genre descriptif. Ce n'est pas, certes, un mince mérite que celui d'avoir compris et exprimé, en termes magnifiques, les impressions profondes que les mille spectacles de la nature produisent sur les esprits rêveurs.

Le lac de Genève.

Le lac de Genève unit la grâce à la majesté. Les collines agréablement découpées qui l'entourent, et qui s'y réflètent avec leurs chalets pittoresques, sont couvertes d'une riche parure de moissons. Les vignes tapissent les coteaux. Derrière le premier plan de ce riant paysage, ondulent les courbes sinueuses des Alpes, noyées dans un horizon verdâtre, et dont les cimes se superposent les unes aux autres comme les degrés d'un escalier conduisant au ciel. Au-dessus de tous surgit le mont Blanc. Il se montre et se cache tour à tour, semblable à ces génies qui s'éclipsent pour reparaître plus superbes que jamais. Malgré le voisinage de la ville, le lac conserve sa transparence : on pense à ces âmes privilégiées qui restent vierges au sein même de la corruption. Dans quel philtre chaque goutte a-t-elle passé ? Les naïades seules le diraient ; mais le grand Pan est mort et il a emporté son secret. Le soleil colore de teintes rosées les petites crêtes des vagues de nacre, dans lesquelles des nuages gris-perle se regardent en parcourant l'azur. Les voiles triangulaires des barques de pêcheurs rayent le manteau bleu des eaux, et y tracent un sillage étincelant. Des bandes d'oiseaux décrivent au milieu des airs des zig-zags capricieux ; tantôt ils s'élèvent à d'immenses hauteurs, tantôt ils voltigent à la surface des ondes, la rasant de l'extrémité de leurs longues ailes blanches tachetées de noir, se réunissent de nouveau et reprennent leur course vers la montagne. Le lac, environné par les Alpes, ressemble à un diamant enchâssé dans un anneau d'argent.

ALLEMAGNE

LES BORDS DU RHIN

ALLEMAGNE

LES BORDS DU RHIN

Strasbourg.

Le voyage des bords du Rhin est un de ceux que l'on entreprend le plus aisément. La proximité des distances, la facilité des transports jointes à la beauté des contrées que l'on traverse, tout contribue à rendre ces excursions faciles et intéressantes. Pendant que le corps se déplace, grâce au chemin de fer, au bateau à vapeur, à la diligence, l'imagination se déplace aussi et ne tarde pas à s'envoler vers le doux pays de la fantaisie, suivant la jolie expression de Montaigne. L'Allemagne est la Terre Promise des poètes et des rêveurs. A chaque pas on rencontre des villes d'une construction originale, des paysages pittoresques, des cathédrales gothiques se mirant dans le Rhin, et des manoirs féodaux dont la vue suffit à éveiller dans l'esprit les mille souvenirs du passé. Les légendes écloses comme autant de fleurs sauvages parmi les ruines des burgs effondrés forment un riche bouquet auquel chaque siècle a apporté son tribut de fictions. Les contes merveilleux, les fables étranges qui ont bercé l'enfance des peuples sont nés sur ces rives enchantées. Aujourd'hui encore, les flotteurs du Rhin, réunis autour du foyer, pendant les longues soirées d'hiver, écoutent l'aïeule qui leur raconte les aventures des chevaliers ou les histoires des lutins.

Strasbourg mérite de fixer l'attention du touriste. Ces maisons d'un style naïf, ces pignons, ces toits à girouettes, ces cheminées où les cigognes bâtissent leurs nids, ces petites fenêtres à vitraux ont un caractère de grâce et de simplicité qui séduit. Les rues sont d'une exquise propreté. On dirait que des fées bienfaisantes font tous les matins la toilette de la ville, et s'acquittent de ce devoir avec la plus gracieuse coquetterie. Les femmes conservent le costume alsacien. Quant aux hommes, ils adoptent généralement la blouse des ouvriers de nos faubourgs, sans cependant abandonner l'usage de leurs pipes de deux coudées, et sans renoncer à leur passion pour la bière dont les flots dorés remplissent les brocs d'étain.

Le Munster de Strasbourg est un des plus remarquables édifices de ce genre. L'aspect de cette imposante cathédrale fait une profonde impression sur les visiteurs. C'est en considérant tour à tour l'ensemble et le détail, en examinant les clochetons, les arcades, les rosaces, le portail, la chaire et la nef, que l'on comprend véritablement tout le développement que le sentiment religieux atteignit au moyen âge. La foi dominait en maîtresse sur les consciences. Les nations de l'Europe, divisées par les intérêts politiques, se rattachaient les unes aux autres et se confondaient dans une même pensée : la défense du catholicisme. Il ne fallait rien moins que cette admirable unanimité d'aspirations pour que les chrétiens parvinssent à bâtir ces temples magnifiques qui sont encore debout pour attester de la puissance des croyances, et des prodiges qu'elles ont enfantés. De la plate-forme de la cathédrale on embrasse un vaste horizon. Strasbourg est à vos pieds avec ses tours, ses maisons recouvertes de briques rouges, ses églises qui montrent du doigt le ciel, suivant l'expression d'un poète anglais. Le Rhin dénoue entre les saules sa ceinture verte et serpente au travers des plaines de l'Alsace. Les villages disséminés dans la vallée égayent la campagne. Les montagnes de la Suisse et de la Forêt-Noire apparaissent dans le lointain.

Bade et ses environs.

Le trajet de Strasbourg à Kehl n'offre rien d'intéressant. Après avoir franchi un pont de 245 mètres, nous entrons sur le territoire badois. La gare de Kehl ressemble à une place forte. Les soldats, des plus haut empanachés, retroussent fièrement leurs moustaches, et les paysans allemands écorchent l'oreille des voyageurs de leur patois discordant. Le porte-clefs, noyé dans une redingote verte, s'avance avec toute la majesté d'un suisse d'église, le tricorne sur la tête et la canne à la main. Les douaniers s'abattent sur nos malles comme une bande d'oiseaux de proie, et s'apprêtent à en sonder les moindres replis. On nous fait heureusement grâce de cette perquisition. Nous nous élançons alors dans un wagon changé en chaudière bouillante, et chacun de nous se transforme sous les rayons d'un soleil tropical en cardinal des mers, suivant le mot de Jules Janin. Le long du chemin, nous nous amusons beaucoup des indigènes qui, le front ceint d'une salade à la don Quichotte, s'échelonnent sur le parcours du train et présentent le guidon de rigueur avec un flegme imperturbable.

Lorsque le voyageur arrive à Bade, l'esprit tout rempli des mille descriptions de cette ville, qu'on appelle un paradis terrestre en miniature, il constate avec satisfaction que la fiction est encore au-dessous de la réalité. Comment ne pas être charmé de ces cottages qui percent entre les bouquets d'arbres, de ces rues bordées de somptueux hôtels qu'envierait plus d'une capitale, de cet horizon où se succèdent une suite de collines aux tons vifs et nuancés? Voici l'avenue de Lichtenthal, ombragée de chênes séculaires, dont les rameaux forment en s'entrelaçant une voûte impénétrable aux ardeurs de l'été. Voilà les salons de conversation où le plaisir règne en souverain : plus loin, s'élève le théâtre, vrai bijou d'architecture, où l'élite du monde élégant applaudit chaque soir les meilleurs artistes des *Italiens* de Paris.

La foule se presse dans les salles de jeux. Autour des tables vertes sont assis des étrangers de tout âge et de tout rang. Les billets de banque jonchent le tapis. Chacun se tait. On n'entend que la voix monotone des croupiers prononçant les formules sacramentelles; de temps à autre, les joueurs manient avec une dextérité singulière les râteaux servant à jardiner les louis. La plupart de ces visages ont une expression bizarre, quelquefois même effrayante, digne des sinistres figures que le Dante a esquissées dans sa *Divine Comédie*. Près de nous, un adolescent, presque un enfant, aux manières aristocratiques, jetait, par instant, un coup d'œil distrait sur les piles d'or entassées devant lui. Il perdit trente mille francs en dix minutes : ses traits demeurèrent immobiles; un imperceptible sourire d'indifférence effleura ses lèvres dédaigneuses. Les marquis prodigues de la Régence ne risquaient pas avec plus d'insouciance le patrimoine de leurs ancêtres. A côté de lui, une vieille femme, à la mine repoussante, dévorait du regard les cartes qui s'échappaient lentement des mains du croupier, et froissait avec une fureur mal déguisée, le carton sur lequel elle essayait de pointer les caprices du sort. Etonnant contraste, le jeune homme chez lequel quelques mouvements d'impatience auraient paru naturels, avait assez de force pour dompter son émotion et pour prendre un air presque souriant. Sa voisine, au contraire, qui aurait dû se rompre à ce triste exercice en mettant à profit l'expérience des années, se sentait incapable de cacher son dépit.

Il y avait là de quoi provoquer de sérieuses réflexions chez l'esprit le moins observateur.

L'excursion de la vallée de la Murg est une des plus agréables promenades que l'on puisse faire aux environs de Bade. Après avoir traversé le village de Lichtenthal, on arrive par une forêt de sapins au château d'Eberstein. Les bois s'éclaircissent à diverses reprises et découvrent quelques pans de ce gracieux tableau, que l'on va bientôt contempler dans toute sa splendeur. A droite ondulent les coteaux tapissés de vignes; à gauche, les maisonnettes des flotteurs de Sternsbach se dispersent dans la plaine, comme des ruches d'abeilles dans la campagne de Narbonne. Au milieu courent les eaux limpides de la Murg, qui tantôt sautent de rocher en rocher, tantôt caressent les rives fleuries. Les cimes de la Forêt-Noire servent de fond à ce paysage digne du pinceau de Berghem.

A Huppenheim nous remarquons une certaine animation dans les rues. Le drapeau national flotte à toutes les fenêtres : bientôt les laboureurs du pays défilent devant nous, en habits de fête, au son des cuivres retentissants. Deux cents hommes décorés d'un large ruban jaune et rouge, le chapeau orné d'une couronne de feuilles de chêne, ouvrent la marche. Huit musiques les suivent, jouant chacune des airs différents, si bien que cette confusion d'accords chatouille légèrement les oreilles de l'assistance : vient ensuite une troupe de vétérans de la landwehr, armés de fusils à pierre, et cheminant avec une gravité sénatoriale. Deux cavaliers brandissant des oriflammes gigantesques caracolent derrière ces redoutables guerriers : un détachement de petits soldats badois à la mine joviale forme l'arrière-garde. Une fusillade de pétards annonça que la fête commençait. Nos héros s'attablèrent sous des tonnelles de houblon et attaquèrent les jambons entourés de faveurs roses. Puis au milieu des nuages de fumée qui s'envolaient des pipes, et au bruit des brocs de bière qui s'entrechoquaient tumultueusement, le Démosthène du canton monta dans une tribune parée de feuilles de laurier et prononça une harangue qui fut applaudie avec enthousiasme.

Le château de la Favorite, situé à quelques lieues d'Huppenheim, est entouré d'un parc magnifique. Ce palais fut longtemps la résidence de la margrave Sibylle, à laquelle Louis XIV, toujours prêt à rendre hommage à la beauté, offrit une riche collection de tapisseries des Gobelins. Le gardien vous montre les soixante-douze travestissements que la princesse revêtait tour à tour pendant les folies du carnaval. Ces réjouissances, durant lesquelles l'aimable veuve de Louis-Guillaume se départait peut-être un peu trop de la rigidité de ses principes, n'avaient pas toujours des suites très-agréables. Hâtons-nous de nous expliquer. A l'extrémité des jardins réservés, la galante châtelaine avait fait construire un ermitage où elle avait placé tout un arsenal d'instrument de mortification : nattes de paille, cilice, verges, chaînes, ceinture de clous, fouets à mailles pointues : rien n'y manquait. La noble dame employait, au dire de la chronique, ces cruels raffinements de dévotion pour obtenir le pardon des péchés mignons qu'il lui arrivait quelquefois cependant de commettre de nouveau quand revenait l'époque des plaisirs. Trois saints en cire lui servaient de convives, et remplaçaient les courtisans dont elle écoutait naguère les confidences amoureuses !

Le vieux château est à une heure de voiture de Bade. Dans une embrasure de fenêtre, une eolsharpe produit des effets merveilleux. Quand le vent souffle dans les cordes, on entend un vague frémissement qui imite à s'y méprendre les accords de ce luth mystérieux dont les chevaliers du moyen âge écoutaient le soir au fond des bois les murmures plaintifs.

Le château d'Heidelberg.

La cité d'Heidelberg brilla jadis d'un éclat qu'elle a perdu presque complétement aujourd'hui. Çà et là subsistent encore, au milieu des édifices modernes, des maisons qui ont conservé un certain cachet d'antiquité. En plusieurs endroits le sol est jonché des débris des remparts, qui enlaçaient, comme d'une ceinture de pierre, ce séjour privilégié des étudiants, plus habitués à savourer les douceurs de la *dive bouteille*, suivant le mot de Rabelais, qu'à suivre les leçons des professeurs à la voix nazillarde. Les ruines du burg des palatins surplombent de leur masse colossale la ville que gouvernèrent si longtemps les successeurs d'Othon Henri : ce manoir, où se coudoyaient les chevaliers bardés de fer, les varlets empressés, les jolies filles d'honneur, les seigneurs au riche costume, les pages au gentil minois, maintenant presque détruit, n'est plus visité que par les voyageurs et les corbeaux errants. Parfois,

Lorsque la nuit pensive
Passe en rêvant sous son voile argenté,

la dame blanche vient réveiller les géants de pierre qui dorment dans l'ombre. Les donjons écroulés entr'ouvrent de toutes parts leurs plaies béantes, et dissimulent sous un manteau de lierre les blessures que leur a faites le canon impitoyable des envahisseurs. Quelques frises garnies de divinités païennes, et quelques corniches sculptées avec une finesse exquise ont seules échappé à la rage des démolisseurs. Au fond des souterrains est couché sur le ventre le célèbre tonneau qui contenait dans ses flancs monstrueux cinq cent soixante-dix mille quatre cents bouteilles des meilleurs crûs du Rhin. Dans un angle obscur grimace une statue de bois représentant Perkeo, le Triboulet de Charles-Philippe. Combien tu dus souffrir, ô infortuné bouffon, toi qui sentais les lanières des fouets mordre ta peau sanglante quand tu n'avais pas noyé ta misérable raison dans le vin avant le coucher du soleil !

Vus par une belle soirée d'août, les débris du burg des palatins ont un aspect de tristesse inexprimable. Les rayons de la lune projètent leurs reflets mélancoliques sur ces ruines et les brumes nocturnes les enveloppent, comme d'un linceul funéraire. On dirait un vaste cadavre sur lequel on a jeté un suaire. Les plis du sombre manteau dessinent les formes de ce grand corps inanimé, et les étoiles d'un blanc pâle qui parsèment l'immense rideau noir, ressemblent aux larmes argentées des tentures de deuil. Un silence imposant plane sur ce paysage mystérieux. L'heure est bien choisie pour venir rêver aux pieds du mort, et pour laisser son âme s'abîmer dans la nuit des souvenirs douloureux!

Les étudiants et leurs mœurs.

L'Université a survécu à la destruction du château des Électeurs. Les étudiants circulent dans les rues, la pipe à la bouche, la mine hautaine, escortés de leurs énormes chiens des montagnes. Ils ont en partie abandonné le costume traditionnel, et n'ont conservé que la casquette qui varie suivant les diverses nationalités allemandes. Ils sont en général grands et bien faits : leurs traits sont empreints d'une véritable distinction ; mais ils portent tous la trace des coups de schlaguer qu'ils se distribuent pour les motifs les plus frivoles. Le duel est devenu une monomanie chez ces ardents champions de l'honneur : cette humeur batailleuse étonne ceux qui ne connaissent pas les mœurs des jeunes gens allemands.

Quant à eux, ils s'enorgueillissent publiquement de ces cicatrices, et jugent, d'ordinaire, du mérite de l'un d'entre eux, d'après le nombre des balafres qui gravent ses exploits sur son visage. Ils regardent ces blessures comme les plus grands titres de noblesse dont on puisse se glorifier, et ne renonceraient pas, pour un tonneau de Johannigsberg, au bonheur de se taillader la figure du soir au matin. Aussi arrive-t-il que parfois les étrangers prennent, du moins, quant au physique, ces bretteurs de vingt ans pour autant de grognards qui auraient assisté à toutes les campagnes du premier Empire. Il serait à désirer que l'on abolît la division en curies, seul prétexte de ces déplorables rivalités. Aucun prince ne sera cependant assez hardi pour proposer cette réforme : il craindrait de s'exposer au sort de l'écrivain Kotzebue, assassiné par Karl Sand en 1819, pour avoir énergiquement flétri les haines et les combats singuliers des diverses facultés allemandes.

Les étudiants se rassemblent, le plus souvent, à la célèbre hôtellerie de la Hirgchgasse, où ils viennent vider leurs verres et leurs querelles. Le maître de céans, aubergiste à l'œil soupçonneux, dont nous nous étions concilié les faveurs en lui glissant dans la main bon nombre de kreutzers, nous promena dans cette taverne où résonne tour à tour le rire de Rabelais et le cliquetis des épées du capitaine Fracasse, en nous expliquant à l'aide d'une pantomine expressive la destination de chaque salle.

Francfort.

Francfort est divisée en deux parties très-distinctes : la vieille et la nouvelle ville. La première se compose d'impasses sombres, de ruelles tortueuses, et de maisons noires d'un caractère sinistre. Les juifs y végètent dans d'ignobles taudis, et n'entrent en relation avec les chrétiens que pour leur vendre, au poids de l'or, des curiosités destinées à figurer dans les collections des principaux musées européens. La seconde est superbement bâtie : les places sont larges ; les statues et les fontaines abondent. Le Rœmer n'est plus aujourd'hui qu'un vaste bâtiment silencieux au milieu duquel se trouve une chambre simplement meublée, une table verte, et cinq fauteuils : c'est là que siégeaient deux fois par semaine les magistrats de Francfort en habits du dix-neuvième siècle. Que sont devenus ces margraves, ces comtes, ces barons qui accouraient de tous les points de l'Allemagne pour saluer leur souverain, et qui traînaient leurs manteaux étincelants d'or et de pierreries au travers des immenses salles décorées avec tant de magnificence? La place, où l'on célébrait les réjouissances publiques, le jour des élections impériales, sert maintenant de marché public.

Le musée de Francfort est un des plus remarquable de l'Allemagne. Les belles toiles y sont nombreuses. Quant à la sculpture, elle est dignement représentée par l'Ariane de Danecker; l'amante de Thésée, couronnée de lierre, et couchée sur une panthère, lève vers le ciel un visage où rayonnent la volupté et l'amour. La pureté des lignes, l'élégance des formes et la fermeté du modelage, rappellent ces œuvres admirables dont les Phidias et les Praxitèle se complaisaient à orner les temples de la Grèce.

Francfort s'administrait elle-même à l'époque où nous l'avons visitée. Aujourd'hui elle n'est plus qu'une simple ville du royaume de Prusse. Les soldats du roi Guillaume ont planté leur drapeau sur les murailles de cette malheureuse cité et l'ont récemment annexée aux États que gouverne M. de Bismark. Les libertés des peuples ont été odieusement foulées aux pieds par un ministre tyrannique qui se joue des traités, et ne connaît d'autre loi que la force brutale. Les habitants de Francfort ont énergiquement protesté contre les prétentions des vainqueurs de Sadowa : toutes les réclamations ont été inutiles. Le fusil à aiguille avait jugé en dernier ressort. Mais la voix de la justice, longtemps méconnue, retentira un jour, les nations opprimées reprendront les armes, et la restitution de leur légitime indépendance sera le prix de leur héroïque dévouement, car elles auront pour alliés Dieu et leur droit.

L'entrée de Mayence.

L'entrée de Mayence présente le soir aux yeux du voyageur un spectacle féerique. Devant lui s'étend cette cité antique que dominent les dômes, les clochetons, les églises construites dans le style moresque qui lui donnent l'aspect d'une capitale de l'Asie-Mineure. A ses pieds coule le Rhin qui baigne de ses ondes vertes la longue suite de bastions et de tourelles aux pignons rougeâtres dont Mayence est flanquée de tous côtés. Les ombres du crépuscule, et les reflets des nuages grisâtres qui planent çà et là, répandent sur ce paysage une lueur indécise qui tient à la fois du grandiose et du fantastique. Les collines de la Hesse-Darmstadt esquissent dans un horizon vaporeux leurs formes à peine accentuées, et sept moulins à eau, amarrés aux débris d'un vieux pont, font entendre le grincement monotone de leurs roues gigantesques.

Le musée de Mayence. — Un tableau de Murillo.

Le musée de Mayence renferme des beautés de premier ordre. *Le Marchand d'oies*, de Murillo, nous a particulièrement frappés. Les traits du paysan respirent la bonhomie : toutefois un sourire de malice satisfaite plisse ses lèvres, tandis qu'il serre avec force les pattes de ses captives qui battent de l'aile, allongent le cou et s'efforcent, mais en vain, de se débarrasser de cette vigoureuse étreinte. Il y a dans cette scène de marché un mouvement et une vie qu'il n'appartenait qu'à l'auteur du *Petit mendiant* de lui communiquer. On retrouve bien là cette douceur des ombres, cette hardiesse de touche, cette heureuse harmonie des couleurs, qui sont les principales qualités du plus illustre des maîtres espagnols.

Une revue de la garnison.

Nous étions à Mayence le jour de la fête de l'empereur d'Autriche. Le canon tonna depuis le lever du soleil jusqu'à son coucher. A midi, les troupes qui composaient la garnison se rendirent, musique en tête, au champ de manœuvre où elles devaient exécuter divers exercices en présence du prince Frédéric. Quand nous relisons ce que nous écrivions alors, nous comprenons combien les hommes sont sujets à l'erreur, et combien La Fontaine avait raison de répéter qu'il ne faut pas juger les gens sur la mine. Il nous semblait que les Autrichiens l'emportaient de beaucoup sur les Prussiens, au point de vue de l'ordre et de la discipline. Nous accusions les Prussiens de marcher à la débandade, le fusil nonchalamment posé sur l'épaule, et de veiller avec une minutie grotesque à ne pas souiller par des éclaboussures la blancheur de leurs pantalons. Nous nous moquions de ces officiers chamarrés de rubans et de décorations, qui précédaient leurs compagnies, tenaient leurs épées comme des cierges, et affectaient une allure dégagée. Nous aurions cru que dans le cas où la guerre éclaterait entre ces deux puissances, l'Autriche vaincrait facilement sa rivale. Nous étions loin de nous douter que les Prussiens écraseraient, en trois semaines, leurs adversaires, s'empareraient de la Bohême et camperaient aux portes de Vienne.

Nos voisins d'outre-Rhin avaient l'air de redouter une invasion de notre part : ils multipliaient les revues, remplissaient leurs arsenaux, et fabriquaient chaque jour de nouveaux engins. On n'apercevait de tous côtés que des obusiers, des canons, des boulets groupés en tas, et placés sous la surveillance d'un factionnaire, qui ne paraissait goûter qu'à demi les charmes de cette importante fonction. Les concierges des musées, des hôtels et de tous les établissements publics, munis de larges sabres, se drapaient dans d'énormes redingotes qui leur tombaient jusqu'aux talons, et dont Harpagon eût fait une robe de chambre. On eût dit que la France s'apprêtait à attaquer l'Allemagne. Aujourd'hui, les craintes semblent redoubler, et une fièvre belliqueuse s'est emparée des peuples germains. Répondons à ces menaces par les vers de Musset :

« Nous l'avons eu, votre Rhin allemand,
« Il a tenu dans notre verre.
« Un couplet que l'on s'en va chantant
« Efface-t-il la trace altière
« Du pied de nos chevaux marqué dans votre sang ? »

La cathédrale.

L'ignorance s'est acharnée à déparer la cathédrale de Mayence : on l'a entourée d'affreuses bicoques, qui empêchent le voyageur de saisir d'un coup d'œil tout l'ensemble de l'édifice. A l'intérieur, le mauvais goût a exercé ses déplorables ravages avec encore plus de persistance. Voûte, colonnes, autels, boiseries, statues, tout a été impitoyablement doré et badigeonné, comme l'Alcazar de Paris. On s'imaginerait que l'on est dans un de ces cafés-chantants, où les décorateurs prodiguent avec tant d'ardeur les ornements les plus vulgaires et les plus disparates. N'eût-il pas été plus convenable de respecter ce vénérable monument, et de laisser à chacune de ses parties le caractère de majesté et de sévérité que le temps leur avait imprimé? Fallait-il enjoliver comme un bazar moresque cette demeure du

Seigneur, où tout respirait l'austérité? Fallait-il, sous un prétexte d'embellissement, déshonorer d'une main sacrilége ce monument de la piété d'une époque où la foi enfantait des merveilles? Fallait-il insulter à la vieillesse de ce temple béni, et en faire un objet de risée pour tous les badauds qui viennent bâiller devant ces voûtes sublimes, vers lesquelles, les fidèles agenouillés sur les dalles levaient jadis, en tremblant, leurs yeux baignés de larmes et leurs mains suppliantes?

Les bords du Rhin.

De nombreux bateaux à vapeur descendent le Rhin de Mayence à Coblentz. Les burgs succèdent aux burgs, les donjons aux donjons, les châteaux aux châteaux. Les ruines plantées sur les collines escarpées réflètent dans le Rhin leurs silhouettes colossales : ces derniers débris des manoirs féodaux, à demi-effondrés, se dressent à des hauteurs immenses. Tout est irrégulier dans cette architecture : les tours s'accolent brutalement aux murailles, qui s'entassent les unes aux autres dans une confusion voisine du chaos. Il est difficile de deviner où commence le roc, où finit le castel. L'homme s'est aidé de Dieu et Dieu a aidé l'homme. Puis, pour encadrer les repaires des Titans, le paysage estompe au loin ses contours abruptes, heurtés, inattendus, mais en parfaite harmonie avec l'œuvre des géants. Les blocs monstrueux coudoient les forêts sombres. Les sapins au feuillage noir, tordus, déformés, surgissent brusquement du milieu des escarpements de terrain. Des sentiers à pic escaladent le flanc des montagnes. Les coteaux, couronnés de vieilles forteresses délabrées, se découpent au loin sur le ciel bleu. Le Rhin bondit entre les deux rives, roulant ses flots verts avec une rapidité vertigineuse au travers des récifs que les tempêtes ont précipités dans les gouffres béants. Il y a là le sujet de plus d'un dessin à la Callot.

L'oiseau aux plumes d'or.

—

LÉGENDE DES BORDS DU RHIN.

—

Entre Bingen et Lorch se dresse, au pied d'un burg en ruines, une tourelle que les habitants du pays désignent sous le nom de *tour de l'oiseau aux plumes d'or*. Nous avons voulu en savoir la raison, et voici ce que nous a appris un vieux batelier des environs de Falkenburg.

Au temps où les successeurs d'Othon-le-Grand gouvernaient l'Allemagne, vivait un noble seigneur appelé le comte Arnold. Il possédait sur les rives du Rhin un magnifique manoir flanqué de bastions, de créneaux, entouré de douves profondes et dont un pont-levis garni de lourdes chaînes fermait l'entrée. De nombreux vassaux obéissaient à ses ordres : ses coffres regorgeaient d'or et de richesses, mais son plus beau trésor était sa compagne, la douce Gilda aux cheveux d'or. Cette princesse, aussi remarquable par la bonté de son âme que par la grâce de sa personne, faisait l'orgueil de son seigneur et maître. Deux enfants composaient la famille : Rodolphe avait de longs cheveux noirs, naturellement bouclés, et ses deux yeux pensifs donnaient à son visage une expression d'aimable mélancolie. Marguerite avait une bouche d'une fraîcheur comparable à la rose et deux petits pieds à rendre jaloux les séraphins du paradis. Un page espiègle chargé de tenir la queue de la robe de velours de la comtesse ou de porter son missel aux enluminures curieuses quand elle allait prier au monastère voisin, un nain bouffon, un faisan au plumage brillant et un lévrier d'Espagne formaient la cour de la noble dame. Les hôtes du castel menaient joyeuse vie. Ils chassaient les cerfs dans les forêts environnantes, assistaient aux tournois, se promenaient dans leurs barques décorées du blason à croix d'azur, sur le lac où nageaient les cygnes aux ailes blanches, ou montés sur leurs palefrois parcouraient la contrée quand le printemps déversait sur les fleurs à peine écloses ses rayons bienfaisants. Quand l'hiver venait et que la bise glacée fouettait les vitraux de la salle d'armes, la comtesse assise sous le manteau de la cheminée écoutait les chants des ménestrels racontant les amours des géants de la montagne du Haardt et des sirènes d'Andernach. Quand la neige déroulait son linceul sur la campagne déserte et que les corbeaux voltigeaient, en poussant des croassements plaintifs, au milieu des bois dépouillés de leur feuillage, la noble dame suivie d'un damoiseau, tenant à la main la bourse de velours, visitait les pauvres de ses domaines, laissait tomber dans la main des misérables en haillons une aumône discrète et disparaissait comme un ange venu du ciel pour soulager les misères humaines.

La châtelaine comptait parmi ses plus fidèles serviteurs un jouvenceau de vingt ans, hardi et gentil cavalier, qu'elle honorait d'une estime particulière. Il avait nom Henri. Jamais peut-être on ne trouva plus avenant et plus gracieux varlet. Quand revêtu de son pourpoint vert à crevés roses, la tête recouverte de sa toque ombragée d'un panache flottant, la dague à la ceinture, la mine fière, il traversait les villages au galop de son coursier à la crinière d'argent, plus d'une enviait la faveur d'obtenir un de ses regards. Mais Henri était amoureux d'une humble fileuse qui le chérissait tendrement. C'était la jeune Bertha : ils étaient fiancés l'un à l'autre depuis bien des années : cependant ce mariage ne s'accomplissait pas. Le tuteur de Bertha, vieillard égoïste et cupide, exigeait que l'époux de sa pupille apportât en dot bon nombre de sacoches amplement garnies de florins à l'effigie de l'empereur. Henri était pauvre : il attendait avec impatience l'occasion de s'enrichir en se distinguant par un service signalé. Or il advint que le roi de France, prince très-ambitieux et très-ami de la guerre, refusa de rendre hommage à l'empereur d'Allemagne, comme c'était l'habitude en ce temps-là. Ce prince, irrité et outragé, convoqua le ban et l'arrière-ban des burgraves, appela les vassaux sous les oriflammes et envoya des hérauts d'armes dans toutes les villes soumises à sa puissance, pour leur enjoindre d'équiper leurs milices. Un messager annonça au comte Arnold que l'empereur réclamait le secours de sa lance, car il le connaissait pour un vaillant et féal chevalier. A cette nouvelle, la belle Gilda pâlit et s'affaissa soudain dans son grand fauteuil de Hollande. Elle alla s'enfermer dans l'oratoire de sa tourelle, et pleura longtemps agenouillée sur son prie-dieu, devant l'image de sainte Ursule de Cologne, pour laquelle elle avait une vénération toute spéciale. Vainement essaya-t-on de la consoler. Cependant les archers étaient réunis dans la cour du manoir, les casques reluisaient au soleil, les bannières bleues flottaient au gré du vent, les barons étaient rassemblés, et le coursier du comte, richement caparaçonné, piaffait sous les fenêtres du donjon, tandis qu'un écuyer s'efforçait d'apaiser par ses caresses son impétueuse ardeur. Le noble seigneur embrassa sa femme et ses enfants, mit le pied dans l'étrier, sauta en selle, et donna le signal du départ : le pont-levis s'abaissa et la troupe partit au galop.

La comtesse, en larmes, monta sur le haut du donjon le plus élevé, et regarda tant qu'elle put le comte et son escorte qui disparurent bientôt à l'horizon. Elle se réfugia alors dans la partie la plus solitaire du château : le jour ne pénétrait dans sa chambre que par une étroite ouverture ; les murs étaient tendus de noir. Pendant longtemps, la châtelaine, en proie au plus sombre chagrin, refusa de recevoir le chapelain du monastère qui voulait la consoler par ses pieuses exhortations. Chaque matin, elle s'accoudait sur sa fenêtre, et promenait autour d'elle ses regards mélancoliques. Le printemps était revenu : les hirondelles voltigeaient dans les airs, rasant de leurs ailes légères les tours du castel, et la noble dame enviait le sort de ces oiseaux fortunés. Elle souhaitait d'avoir des ailes, pour s'envoler vers son époux bien-aimé, et chaque fois que l'on frappait à la poterne, son cœur battait avec violence : elle accourait pour savoir des nouvelles du comte. Souvent son espoir était déçu et elle retombait dans un morne abattement. Quelquefois aussi un messager lui racontait les exploits du comte-Arnold : elle l'écoutait avec bonheur, le questionnait, et lui faisait recommencer vingt fois son récit, l'interrompant par ses exclamations d'admiration et de joie.

Elle apprit enfin que la guerre allait finir. Elle fit venir un matin Henri et lui dit : « Beau chas-
« seur, j'ai rêvé cette nuit que j'étais transportée
« dans une île enchantée. Un oiseau aux plumes
« d'or chantait mélodieusement sur un arbre : à
« mon approche, il s'enfuit. En ce moment je me
« suis réveillée. Or je veux avoir cet oiseau, et en
« orner la table du festin le jour où mon noble
« époux reviendra. Va, et apporte-moi cette ma-
« gnifique capture. Je te récompenserai digne-
« ment. — Mais comment ferai-je, répondit
« Henri, très-gracieuse et très-auguste suzeraine,
« pour découvrir l'île où habite cet oiseau ? —
« Peu m'importe par quel moyen tu parviendras

« à contenter ma fantaisie : tout ce à quoi je tiens, « c'est à ce que tu deviennes possesseur de cet « oiseau magique. J'ai dit : pars et dans six jours « sois de retour. » Henri s'inclina sans mot dire et sortit.

Une heure après, enveloppé dans son manteau de guerre et armé de son arc, il s'élançait à cheval au travers de la campagne. Après trois heures d'une course affolée, il ralentit le pas de sa monture et pénétra bientôt dans une ombrageuse forêt. Il attacha sa bête aux branches d'un chêne et se mit à ramper entre les fourrés, en se frayant un passage à l'aide de son poignard d'acier finement ciselé. Il arriva au bout de quelque temps en face d'une caverne creusée dans un rocher tapissé de mousse sauvage et dont une haie d'épines hérissait l'entrée. Il frappa trois fois avec le pommeau de sa dague sur le rocher : une voix aigre et chevrotante lui répondit. Il écarta alors la barrière de ronces, et se glissa dans la grotte. Une torche de résine éclairait la voûte et la flamme vacillante projetait des lueurs fantastiques sur les parois dénudées : sur un lit de feuilles sèches était assis un petit vieillard dont la barbe blanche touchait presque à terre, et dont les yeux brillaient comme des charbons ardents; il était tout habillé de rouge et tenait à la main une longue baguette couverte de dessins bizarres et d'inscriptions cabalistiques. A ses pieds était couché un renard dont les dents pointues firent frissonner le page. Une chaudière posée sur un trépied bouillait quelques pas plus loin, et mille bleuettes s'échappaient des flammes du foyer en follets capricieux : des sacs remplis de pierres précieuses scintillant dans l'ombre jonchaient le sol. Lorsque le petit homme aperçut Henri, un rire sarcastique plissa ses lèvres. « Que me veux-tu, jeune chasseur? dit-il d'un ton railleur. — Je viens te demander de me prêter ton appui, reprit Henri avec assurance. —Parle, je t'écoute. » Henri exposa les motifs de sa visite et les ordres de la comtesse Gilda, en suppliant le nain de lui enseigner le moyen de conquérir l'oiseau enchanté. « Tu m'as toujours témoigné un grand respect, tandis que les autres hommes prononcent mon nom en riant et se moquant. Aussi suis-je disposé à te venir en aide. Je vais te préparer une arme qui te permettra de tuer l'oiseau merveilleux. » Il dit, et se levant, il prit plusieurs flacons cachés dans des fosses creusées au fond de la caverne, en versa le contenu dans la chaudière, en accompagnant cette opération d'un chant mystérieux. Il plongea ensuite dans cette préparation la pointe d'une flèche d'argent qu'il remit au jeune homme avec ces paroles : « Sors de ce bois, monte sur ton cheval et marche pendant deux jours et deux nuits du côté de l'ouest. Le soir du deuxième jour tu arriveras sur le bord d'un fleuve inconnu, côtoies-en la rive pendant quelque temps et arrête-toi en face d'une île : c'est celle dont la comtesse a voulu parler. Attache ton cheval à un saule et appelle trois fois : Ariman. Tu verras bientôt paraître une barque conduite par une femme vêtue de blanc, c'est la fée des sources : montre-lui cette bague » et en parlant ainsi le vieillard présenta à Henri un anneau d'ivoire. « Entre dans la barque sans mot dire ; tu aborderas bientôt à l'île : la batelière t'attendra. Arrête-toi derrière un bosquet de lauriers en fleur et reste immobile. L'oiseau dont tu convoites la capture se montrera alors à toi : vise hardiment et tire. Si ton cœur ne tremble pas, tu l'abattras sûrement, mais si tu es ému, si tu cèdes un instant à la crainte, tu manqueras le but. Va, et ne perds pas courage. »

Henri remercia le nain, et partit. Il retrouva son cheval, et se mit en route, en suivant exactement les indications qu'il avait reçues, et en s'efforçant de reconnaître tous les endroits par lesquels il passait pour faciliter son retour. Il traversa le fleuve, comme le petit vieillard le lui avait prescrit, et aborda à l'île. Il ajusta l'oiseau sans trembler, la flèche d'argent fendit l'espace en sifflant, vola droit au but, et la victime roula transpercée sur le gazon fleuri, en teignant de son sang les marguerites blanches.

Henri ramassa sa proie, et repassa l'eau. Lorsqu'il vit poindre, le soir du cinquième jour, les tourelles du manoir qui perçaient entre les hautes branches de la longue avenue de châtaigniers, et détachaient en lignes élégantes leurs pointes sur le ciel bleu, il sentit son cœur battre avec violence, les larmes mouillèrent sa paupière. Il s'arrêta un instant : le soleil se couchait et dorait les feuilles de reflets diaprés, une douce brise caressait les cheveux du page, les merles cachés dans les fourrés chantaient un concert joyeux ; il songea à l'ovation qui l'attendait, à sa chère Bertha en train de tourner son rouet, en murmurant une romance d'amour, et qui sans nul doute, se penchait de temps à autre à sa fenêtre tapissée de pervenches, pour voir si son fiancé ne revenait pas. Il hâta la marche de son coursier, franchit le pont-levis, et entra au galop dans la grande cour du château.

La comtesse se tenait sur le perron, entourée de ses enfants et du comte qui venait d'arriver.

Les gens d'armes déposaient leurs épées et leurs casques contre les murailles, ou s'asseyaient sur les bancs de pierre, à l'ombre d'une tonnelle de verdure. Henri sauta en bas de sa monture, escalada les marches d'un pied léger, présenta humblement l'oiseau à la châtelaine en pliant le genou. Un sourire d'orgueil satisfait effleura les lèvres de la belle Gilda, elle donna sa main à baiser au page, et lui dit d'une voix douce : « Relevez-vous, messire Henri, je vous nomme grand écuyer et vous attache à mon service, avec une pension de cinq mille livres. » Le soir, il y eut festin au château. Henri occupa la place d'honneur.

Quelques semaines plus tard il épousait sa chère Bertha et il allait habiter une tourelle sur la porte de laquelle il fit sculpter un oiseau, en souvenir de sa chasse merveilleuse dans l'île enchantée.

Voilà l'histoire telle que le batelier nous l'a racontée ; nous l'avons transcrite dans toute sa simplicité naïve, et nous l'offrons au lecteur.

La cathédrale de Cologne.

La cathédrale de Cologne est une des plus admirables œuvres de ce genre que le moyen âge nous ait légués. Des colonnes de la plus gracieuse légèreté s'élancent vers les voûtes d'un style hardi : les arceaux s'entrelacent et se croisent en dessins capricieux. Les vitraux de la nef du nord datant de 1505, ont conservé leurs éclatantes et riches couleurs, et surtout ce rouge brillant dont les artistes du XVIe siècle ont seuls possédé le merveilleux secret. Une grue surmonte le clocher le plus élevé. Une tradition, assez généralement accréditée, prétend que le jour où on l'abattra, l'église s'écroulera. Le goût moderne n'a pas plus épargné la cathédrale de Cologne que celle de Mayence. Les vieilles statues des saints, grossièrement sculptées, et remontant à une époque où l'art était encore en enfance, avaient autrefois un air de naïveté qui plaisait, sans exciter la raillerie. Grâce aux coups de pinceau et aux couches d'or de quelques barbouilleurs maladroits, on ne peut plus aujourd'hui regarder ces divers personnages sans songer involontairement aux types grotesques des anciennes estampes italiennes. La chapelle de Saint-Ingelberg renferme le fameux tombeau des rois Mages, jadis orné de pierreries et privé maintenant de tout ce qui lui donnait une certaine valeur. Dans la chambre du Trésor, on montre les scènes de la Passion ciselées avec une patience remarquable, dans un bloc d'ivoire, par un prêtre du siècle dernier, qui consacra trente ans à ce travail, et une châsse, évaluée à six millions, offerte par l'empereur Othon IV.

On continue les constructions commencées pour la première fois le 13 août 1248. Il s'écoulera encore bien des années avant que l'on ait achevé cette gigantesque entreprise. « Les grands édifices, a dit un écrivain, sont comme les grandes montagnes, l'œuvre des siècles. L'homme, l'artiste, l'individu s'effacent sur ces monuments sans nom d'auteur : l'intelligence humaine s'y totalise et s'y résume ; le temps en est l'architecte, le peuple en est le maçon. »

Du sommet du beffroi, on domine tout Cologne. A vos pieds, miroitent sous les feux du soleil des milliers de toits d'ardoise. Vingt-sept églises détachent sur l'azur du ciel leurs flèches élancées, et leurs clochetons finement dentelés. Le Rhin sépare la ville en deux parties, réunies l'une à l'autre par un pont de bateaux d'une construction originale. Des bouquets d'arbres déploient leurs panaches verdoyants, dont les teintes nuancées tranchent sur la monotonie des maisons aux pans noirâtres. Les voitures et les piétons circulent au milieu des rues. Mille rumeurs confuses arrivent jusqu'à vous au milieu des bouffées de fumée qui s'échappent des cheminées de brique rouge. Au loin, s'allonge la chaîne des Sept-Montagnes, sur laquelle plane, comme une ombre mystérieuse, le souvenir des contes et des récits fantastiques du moyen âge.

L'ancien cloître des dames de Sainte-Ursule renferme des fresques très-curieuses représentant l'histoire des onze mille Vierges. C'est une pieuse et mélancolique légende que celle de ces jeunes filles infortunées, qui préférèrent le trépas aux outrages des Huns. Ces touchants souvenirs portent à la rêverie, et peu à peu l'esprit se laisse bercer par les douceurs de l'extase mystique. Un magnifique spectacle s'offre à l'imagination. Les portes d'or du ciel se sont ouvertes. Une éblouissante lumière illumine le séjour de gloire.

Les anges et les séraphins se couvrent respectueusement de leurs ailes. Le cortége des martyres, vêtues de blanc et couronnées de fleurs, s'avance lentement vers le trône de l'Éternel, au son d'une musique céleste, à laquelle se mêlent les chants d'allégresse des bienheureux. Des flots de myrte et d'encens parfument les airs. L'héroïsme des compagnes de sainte Ursule vous remet en mémoire le dévouement des demoiselles de Verdun, qui furent condamnées à mort pour avoir paré leurs fenêtres de guirlandes, en apprenant l'arrivée des Prussiens. Accusées de trahison, elles comparurent devant le tribunal révolutionnaire, présidé par le trop célèbre Fouquier-Tainville. Séduit par la beauté des prisonnières, l'infâme aéropage leur proposa de racheter leur vie au prix d'un odieux sacrifice. Elles aussi, elles aimèrent mieux périr que de devoir leur salut au déshonneur.

. . . .

O vierges encor quelques heures...
Ah! priez sans effroi, votre âme est sans remords.
Coupez ces longues chevelures
Où la main d'une mère enlaçait des fleurs pures
Sans voir qu'elle y mêlait les pavots de la mort!

. . . .

Aix-la-Chapelle et les reliques.

Aix-la-Chapelle est une ville silencieuse et déserte depuis qu'on a supprimé les jeux. Elle se dédommage en exploitant les étrangers au nom de Charlemagne et de ses reliques. L'église, formée de monuments de tous les styles et de toutes les époques, ne mérite guère son antique célébrité. La nef est surchargée de statues aux poses mignardes qui sont singulièrement déplacées dans l'enceinte, où reposent les restes de Charlemagne. Il n'y a de réellement curieux que la lampe d'or enrichie de pierreries dont Frédéric Barberousse fit présent au chapitre. Les principales reliques de la chambre du trésor sont : « Le bras droit de saint « Siméon, la ceinture du Christ, des parcelles de « l'éponge et de la couronne d'épines, un cheveu « de saint Bartholomé, deux dents de saint « Thomas, un anneau de la chaîne de saint Pierre, « une côte de saint Joseph, un échantillon de la

« manne des Hébreux. » Dans une chapelle voisine, un bedeau exhibe aux touristes le bras droit de Charlemagne : puis il frappe de son doigt crochu sur le crâne pour prouver à l'assistance qu'il n'y a pas là de supercherie. On paie, et l'armoire se referme. Il y a dans ce trafic des dépouilles de l'illustre monarque, dans cette profanation des restes du fondateur de la dynastie carlovingienne, quelque chose de si odieux que l'homme le plus tolérant se sent transporté d'une violente indignation. Qui donc aurait pensé qu'un suisse palperait de ses mains barbares cette tête où germèrent tant de hautes conceptions, tant de belles pensées et d'immortels desseins? Qui donc se serait imaginé que les ossements de ce prince, dont le nom restera à jamais célèbre dans les annales de l'histoire, deviendraient un vil objet de spéculation? Sur une pierre noire, à demi rongée par le temps, et placée au centre de l'église, on lit ces simples mots : *Carolo Magno*. L'olifant, la croix d'or et le sceptre de Charlemagne, ainsi que son sarcophage et le trône de pierre sur lequel il fut trouvé en 1165 parfaitement conservé, sont successivement soumis à l'attention des étrangers. Le guide raconte que, en 1804, Napoléon Ier vint avec Joséphine à Aix-la-Chapelle : il se rendit à la cathédrale. Joséphine eut la fantaisie de se reposer un instant sur le siége qu'occupèrent successivement trente-six empereurs d'Allemagne. Napoléon refusa de l'imiter ; il se tint debout auprès du fauteuil, en fixant sur la place vide ses deux yeux pensifs. Aujourd'hui les voyageurs ne manquent jamais de s'étendre dans cette chaise où le vainqueur de Wagram ne se crut pas digne de s'asseoir.

Nous souhaitions d'être admis à contempler les grandes reliques ; mais on ne les voit que tous les sept ans. La dernière exposition publique avait eu lieu en 1860.

L'extérieur de l'hôtel-de-ville est très-mal entretenu. Les salles principales représentant les exploits de Charlemagne sont badigeonnées en rouge et décorées de fleurs de lis. On achète à peu de frais la permission de descendre les marches de l'escalier dégradé que montèrent pendant des siècles les empereurs d'Allemagne le jour du couronnement. Dans la chambre du conseil, on remarque le premier portrait à l'huile que l'on ait du vainqueur des Lombards, et qui date du seizième siècle. Sur la place de l'hôtel-de-ville se dressent un aigle rouillé et une statue mesquine de Charlemagne, double symbole de la décadence dans laquelle la ville d'Aix-la-Chapelle est plongée depuis quelques années.

Le champ de bataille de Waterloo.

Rentrant en France par la Belgique, nous sommes allés en pèlerinage au champ de bataille de Waterloo, dont le nom seul éveille dans tous les cœurs de si patriotiques regrets. Nous n'avons pu nous défendre d'un sentiment de douloureuse tristesse en parcourant ces plaines funèbres, où l'homme du destin, comme l'a appelé Byron, après avoir tenté de prolonger une lutte inégale, vit tomber sous la mitraille ennemie les derniers défenseurs de l'indépendance nationale. De tous côtés s'élèvent des colonnes, des pyramides, des monuments de toute espèce érigés par les alliés en l'honneur des soldats morts en combattant. Nous n'avons, hélas! pas aperçu une seule inscription qui perpétuât le souvenir de l'héroïsme de la vieille garde. Cet oubli nous a profondément attristés, et justement émus à la vue du lion de bronze dont l'attitude hautaine semble comme un défi jeté aux descendants des héros de Waterloo, nous avons écrit ces vers :

Votre lion en vain regarde vers la France
Et semble menacer la terre des vaincus :
Mais lorsqu'aura sonné l'heure de la vengeance,
Le monstre sur son roc ne se dressera plus !

ITALIE

LA ROUTE DE LA CORNICHE

ITALIE

LA ROUTE DE LA CORNICHE

La vue de Nice.

Nice, quoique rattachée à la France, a conservé un caractère profondément italien. La beauté de sa situation, la douceur de son climat et la prodigieuse fertilité de ses environs, lui ont mérité l'honneur de devenir, pendant l'hiver, la résidence favorite de l'aristocratie étrangère. Les roses et les violettes du spirituel jardinier, qui cultive avec un égal succès les fleurs et les lettres, ont conquis les sympathies des plus aimables reines du monde élégant. Aux yeux des peintres et des poètes, Nice est pour l'Italie ce qu'étaient, pour les palais enchantés des contes orientaux, les portes merveilleuses qui en fermaient l'entrée : elle annonce cette terre promise de l'art et de la nature, qui semble lui avoir communiqué quelques reflets de son incomparable magnificence.

Du haut de la terrasse de l'ancien château, la vue s'étend sur toute la baie. La mer est d'un bleu d'azur : quelques voiles raient seules la pureté infinie de cette surface transparente comme un lac des montagnes de Suisse. Les vagues caressent mollement la rive en murmurant leur éternelle romance : les galets humides étincellent sous les feux du soleil comme un collier de diamants. Les goëlands voltigent çà et là en effleurant les eaux de leurs ailes légères. Quelques nuages de neige parsèment l'immensité des cieux. Sur les pentes vertes des collines tranchent les toits de brique rouge et les pointes des clochers de construction moresque. Les matelots au teint bronzé, coiffés du bonnet que portent les pêcheurs de Naples, se reposent dans leurs barques tirées à sec sur le sable, ou raccommodent leurs filets. La longue chaîne des Alpes, noyées dans la brume, forme le fond du tableau.

La route de la Corniche.

A gauche, se dressent les Alpes, couvertes de bouquets de chênes-liége et de pins-parasol; de petits torrents babillards coulent du sommet en sautillant et en bondissant entre les quartiers de roc; des troupeaux de moutons et de chèvres, agitant leurs clochettes au tintement joyeux, broutent les plantes sauvages et tachètent le tapis des montagnes de points blancs et noirs. Un berger, drapé fièrement dans son manteau déguenillé, la barbe et les cheveux incultes, s'appuie nonchalamment sur son bâton rustique. Des enfants ébouriffés, attirés par les grelots des chevaux, descendent des chaumières perchées sur les coteaux : ils courent essoufflés après les diligences, en tendant aux voyageurs quelques chétives fleurs, et en implorant d'une voix plaintive l'aumône d'un *soldo*.

Plus loin, un essaim de fillettes brunes s'accoude contre un arbre, et considère la toile d'un touriste en train de dessiner le paysage qui se déroule devant lui dans toute sa grâce et son originalité. Quelques muletiers montant la côte fredonnent une chanson amoureuse : des paysannes les suivent la tête chargée de bottes d'herbes, les mains gaillardement campées sur les hanches, comme la faneuse d'un de nos plus célèbres peintres de genre. A droite, miroitent les flots éclairés par les premières lueurs du matin ; les pics neigeux de la Corse apparaissent vaguement à l'horizon ; quelques nuages d'un rouge pâle fuient dans un lointain vaporeux. La Méditerranée, avec ses vagues brillantes et sa masse paisible, fait l'effet d'un manteau royal lamé de franges d'argent.

La campagne du Piémont.

Après Menton, ce petit nid coquettement entouré de bois d'oliviers et embaumé du parfum de ses orangers, que les Anglais, vrais dénicheurs de sites, ont récemment découvert, commencent les États du roi Victor-Emmanuel. On voit à tous les carrefours des statues, des chapelles, des croix, des murailles couvertes d'inscriptions religieuses; les villas sont badigeonnées aux sept couleurs de l'arc-en-ciel, et enrichies extérieurement d'arabesques ou de fresques moyen âge qui conviendraient mieux à un manoir d'opéra-comique. Des silhouettes grotesques sont tracées sur de fausses fenêtres et de faux balcons. Cette manie de promener partout impitoyablement le pinceau est d'origine romaine; nous l'avons constaté en visitant Pompéï. A chaque instant, nous nous croisons avec des moines qui cheminent le front humblement courbé, la figure fatiguée par les mortifications, la corde à la ceinture.

Les villages que nous traversons se composent invariablement d'une étroite et interminable rue, bordée de hautes maisons criblées d'une myriade de fenêtres exiguës. Quelques vicoli entrecoupés d'arcades et de voûtes sombres débouchent sur des places mesquines, où ronfle en plein soleil une fourmilière de coquins débraillés. A l'intérieur s'enroulent de longs et obscurs escaliers en forme de spirales, qui n'ont pas été balayés depuis plusieurs siècles; des rampes de pierres tortueuses montent en pentes roides sur les flancs des montagnes auxquelles les bourgades sont adossées. Des groupes de femmes jasant et clabaudant s'échelonnent pittoresquement sur les marches dégradées. Tout cela respire la misère et la paresse. Mais quand une belle fille, à la chevelure d'un noir reluisant et aux grands yeux de feu, vous regarde tendrement, appuyée sur son poggiulo de fer, et vous montre, dans un sourire malin, ses dents de nacre, vous vous souvenez de cette maxime fameuse : Il n'y a point d'endroit si triste où l'on ne rencontre quelque chose de gracieux ! C'est ainsi que le Piémont est un pays pauvre, mais ses femmes sont jolies, et cela suffit pour rendre cette partie de l'Italie digne de ses charmantes sœurs, qu'on appelle la Lombardie, la Toscane et le royaume de Naples.

A San Maurizio, un tableau animé se présente à notre vue : ici ce sont les bersaglieri, lestes et alertes, le chapeau hardiment campé sur l'oreille, les plumes flottant au souffle du vent comme le panache d'un casque antique, qui s'exercent à la manœuvre sur la place principale de la ville. Là, une armée d'automédons trônent sur le siége de leurs véhicules étranges, qui auraient mérité d'être, à l'instar de la fameuse désobligeante de Calais, décrits par Sterne. Ils assaillent de leurs bourdonnements étourdissants les infortunés voyageurs, qui ont peine à s'arracher à leur poursuite. Plus loin, les lavandières (blanchisseuses, étant désormais beaucoup trop familier), sont en train de plonger dans le courant d'un torrent qui chuchotte au travers des cailloux, leurs torchons radieux, suivant le mot de V. Hugo.

En arrivant à Noli, on a devant soi tout le golfe de Gênes. Le soleil se brise en faisceaux lumineux sur les pentes abruptes des rochers. En face, s'étend la mer parsemée de barques : on dirait une volée de colombes, à voir ces voiles, qui se penchent et se relèvent tour à tour comme des ailes, suivant le mouvement des vagues. A gauche, s'allonge la rade de Gênes, avec ses palais et ses dômes s'étageant en amphithéâtre sur les flancs des montagnes dont les glaciers superbes menacent le ciel. En haut, au milieu de la coupole bleue, pareille à un dais immense, brille l'astre éblouissant qui semble un œil gigantesque ouvert sur la nature, pour l'illuminer de ses regards étincelants. Les cloches jettent dans les airs mille notes joyeuses. Partout règne la paix et le bonheur.

Les femmes portent encore la mantille et le mezzaro nazionale. Nous nous permettrons d'émettre timidement notre avis sur ces deux coiffures qu'illustrèrent tant de fois la plume et le crayon des artistes de génie. Combien Musset avait raison de chanter la mantille ! Qui contestera jamais qu'elle encadre un minois fripon le plus gentiment du monde, et qu'elle se prête à merveille aux mille raffinements de la coquetterie féminine ! Quant au mezzaro, nous l'avouerons franchement,

« C'est peut-être un blasphème, et je le dis tout bas, »

nous lui trouvons une trop grande parenté avec les rideaux à fleurs des lits des auberges de l'ancien régime. Sestri et Saint-Pierre d'Arena ne forment qu'un seul et vaste faubourg, interrompu par de riches villas, des jardins remplis de cascades, de grottes, de colonnettes et de statues qui lui donnent un aspect antique qui lui sied à ravir. C'était un dimanche, toute la population se répandait dans les rues. Les hommes jouaient aux boules sur les rails mêmes du chemin de fer. Cette insouciance paraîtrait inexplicable à quiconque ne connaîtrait pas la bonhomie proverbiale du train de Sestri à Gênes. Les omnibus regorgeant de Génois, aux têtes expressives et bouffonnes, se croisent au triple galop. Une église était ouverte. Nous y entrons pendant que la douane s'acquitte de ses perquisitions. Un prêtre sermonnait les femmes de San-Petro d'Arena, enveloppées dans leur mezzaro et immobiles, comme des vestales voilées. Les hommes se tenaient debout sur les marches d'un escalier de sapin à peine dégrossi, le bonnet rouge en main. Il y avait entre l'humilité de leur attitude et la vigueur de leurs membres athlétiques, un contraste frappant. De temps en temps, on entendait le bruit sec des pièces de monnaie tombant dans une bourse de cuir attachée à un long bâton, et qu'un vieux sacristain, à la mine goguenarde, promenait tranquillement au-dessus des têtes des assistants.

Gênes et ses chefs-d'œuvre.

Nous entrons dans Gênes à la nuit tombante. On célèbre la fête du roi : le canon tonne : les navires, alignés dans la rade, comme une longue file de fantômes silencieux, sont illuminés et pavoisés aux couleurs de toutes les nations. On distingue confusément dans l'ombre les mâts et les silhouettes imposantes de tous les vaisseaux, rangés dans le port comme pour un combat. Les rues sont pleines de matelots, de soldats qui, après avoir fait de nombreuses libations en l'honneur de leur souverain, parcourent la ville en chantant, hurlant, courant et gesticulant avec cette animation qui est un des traits caractéristiques des peuples du Midi.

Nous sommes éveillés par les cris des portefaix qui s'apprêtent à décharger les marchandises. C'est un spectacle curieux et intéressant que de les regarder courir au milieu des chantiers et des magasins, et se disputer avec une incroyable persistance les ballots que les marins leur jettent. Cette fièvre d'activité et de mouvement donne à penser que les Génois sont peut-être les plus intelligents d'entre les Italiens ; car tandis que Pise, Livourne, Venise, Savone, qui étaient au moyen âge les entrepôts les plus considérables du commerce de la Méditerranée, sont aujourd'hui dans une complète décadence, la vieille cité des doges est devenue, après Naples, la seconde place maritime de la Péninsule. Les habitants ont su se plier aux exigences du siècle. Ils ont compris que l'industrie serait désormais la grande source de richesse des nations modernes, et ils n'ont pas hésité à suivre la France dans la voie du progrès.

Gênes renferme de magnifiques palais de marbre, décrits par Méry, qui a fait revivre, avec le pinceau de l'imagination, les souvenirs des glorieux temps de la République. Quelques-uns contiennent des galeries de tableaux véritablement remarquables. Nous transcrivons ici les notes prises dans plusieurs musées. — Le *saint Sébastien*, du Guide. Animé d'une pensée touchante, l'artiste a donné au visage du martyr une expression qui n'indique ni la résignation mystique, ni la souffrance physique dans toute sa vérité cruelle.

C'est l'extase d'un chrétien insensible aux coups de flèches, offrant à son Dieu ses douleurs tandis que son âme plane déjà dans les demeures célestes qui vont bientôt être sa demeure éternelle. — *Le Christ suant le sang*, de Carlo Dolci. Les yeux sont baissés modestement à terre, la figure respire l'abnégation et le dévouement; les joues sont pâles. On sent qu'on a devant soi une victime calme et soumise aux volontés de Dieu. — *Lucrèce*, du Guide. D'une main elle repousse doucement les deux Romains qui tentent de l'arracher au trépas, de l'autre elle enfonce le poignard dans son sein. La lumière inonde le profil de la chaste héroïne, tandis que les deux autres personnages sont placés dans l'ombre : de là un prodigieux effet de clair-obscur. Le Guide a voulu que Lucrèce, fidèle à ses principes, tombât décemment, *honeste caderet*, suivant l'admirable expression de Suétone à propos de César. Il a laissé à nu la gorge et la poitrine, sans que pour cela la plus sévère critique pût y trouver à redire.

C'est à Sainte-Marie de Carignan que se trouve le *saint Sébastien* de Puget. Nous avons rarement vu de statue aussi parfaite; la tête se penche sur le cou, les muscles se détendent, les jambes plient, les bras s'allongent avec un naturel digne du ciseau antique. C'est bien là un homme qui va mourir. Nous sommes restés étonnés de la grandeur plus qu'humaine de ce chef-d'œuvre. Mais d'un autre côté, nous avons été très-désappointés à l'endroit du monument de Christophe Colomb, élevé sur la place de l'Aqua-Verde. On dirait un libertin, un vieillard de vingt ans usé par les excès, à regarder ces cheveux en désordre, cette lèvre épaisse et ce regard terne; le costume est banal; l'ancre aux proportions mignardes sur laquelle le navigateur s'appuie, a l'air d'une houlette. A ses pieds est agenouillée une femme au type vulgaire, personnifiant l'Amérique : ce n'est pas ainsi que notre imagination s'était représenté cet intrépide *travailleur de la mer*, auquel Casimir Delavigne consacra ses meilleurs vers et qui jusque dans les fers conserva une invincible confiance dans son étoile et son génie ! Hélas ! l'Italie n'a plus de sculpteurs ! Le seul homme capable de comprendre et de rendre cette grande figure, Canova n'est plus. Qui le remplacera ?

FLORENCE, PISE ET LIVOURNE

FLORENCE, PISE ET LIVOURNE

Le soir à Sestri.

Partis de Gênes le matin, nous atteignons Sestri à sept heures du soir. Déjà le soleil s'est couché derrière la cime des Apennins : les ombres s'allongent sur les flancs des collines, et les flots se teignent de pourpre sous les derniers feux du jour prêt à disparaître. Le ciel a des teintes rouges qui rappellent les flammes d'un incendie : quelques nuages noirs, comme des flocons de fumée, se suspendent lourdement à l'horizon, et font craindre un violent orage. Peu à peu les voiles qui enveloppent ce paysage s'assombrissent, et les ténèbres s'épaississent. Pas un souffle de vent. La lune projète quelques reflets d'une pâleur étrange : les rochers prennent dans l'ombre des formes fantastiques, un promontoire à demi-caché dans la brume esquisse vaguement sa silhouette gigantesque : on croit voir la coupe énorme d'un de ces phoques monstrueux qui peuplaient les ondes avant le déluge. La mer est couleur d'ardoise. Tout est calme autour de nous ; le bruit sourd des flots trouble seul le silence imposant de ces lieux. Les maisons de Sestri et les crêtes des montagnes se sont effacées graduellement aux approches du soir. Tout se recueille, tout se repose, tout dort. On se sent malgré soi saisi d'une crainte mystérieuse, à cette heure solennelle où la nature s'apprête à sommeiller doucement, sous la garde tutélaire de ces milliers d'étoiles, qui semblent autant d'yeux ouverts sur nous pour nous protéger.

Pise à minuit.

L'entrée dans Pise a quelque chose de majestueux et de triste. En traversant ces ruelles désertes éclairées par des lanternes blafardes, en franchissant ces ponts-levis, en regardant ces portes garnies de marteaux de fer, ces lourdes chaînes aujourd'hui inutiles, en parcourant ces quais muets le long desquels coulent les flots paisibles de l'Arno, et qu'éclairent de leurs vacillantes lueurs les lumières des maisons, en jetant un regard furtif sur les rares gondoles qui fuient sur le fleuve, comme des fantômes funèbres, on peut se figurer qu'on est en plein moyen âge. On va entendre grincer les clés de la poterne dans la serrure massive, tandis que le pas monotone de la garde bourgeoise retentira lourdement sur le pavé, que les casques et les lances reluiront dans l'ombre d'un éclat sinistre, et que le cri du guet fera frémir les détrousseurs blottis dans les angles obscurs des palais.

Le hasard nous a conduits, le soir même de notre arrivée, sur la place solitaire où s'élèvent le Dôme, le Campanile et le Campo-Santo. Le destin a voulu que ces géants de pierre, bravant les injures du temps, survécussent à la ruine de tant d'autres monuments. Ils sont là debout, ces valeureux champions d'un âge évanoui pour toujours. Isolés dans leur grandeur farouche, ils semblent porter le deuil du passé.

Le Campo-Santo.

Un frisson involontaire glace le voyageur lorsqu'il pénètre dans l'enceinte du Campo-Santo, et qu'il erre au travers de ces galeries pavées de tombeaux ornés de sculptures à demi-effacées. Ces fresques fantastiques, qui paraissent avoir été peintes dans une nuit d'égarement frénétique par la main d'un artiste en proie aux visions, ces inscriptions lugubres, la solitude glaciale de ces lieux, le bruit sec et monotone des pas sur les dalles presque rongées par le temps, l'aspect funéraire des cyprès dressant sur un ciel d'un gris pâle leurs silhouettes mélancoliques, le souvenir de tous ceux qui dorment du dernier sommeil sous cette bande de gazon sacré, tout cela jette dans l'âme du visiteur je ne sais quel trouble et quel effroi. On rêve à ces cloîtres mornes et abandonnés, que l'imagination des peuples du moyen âge remplissait de squelettes décharnés, d'apparitions hideuses et de fantômes sanglotants, lorsque par les nuits d'orage les éclairs d'un rouge sinistre illuminaient de leurs reflets les ruines des monastères, hantés par les esprits, et que les vents, sifflant comme des voix maudites, secouaient les feuilles des arbrisseaux qui se tordaient avec des gestes de damnés.

Le Triomphe de la Mort, d'Orcagna, est, sans contredit, le chef-d'œuvre du Campo-Santo. Quelle hardiesse sauvage! quel sentiment poignant des misères humaines! quelle effrayante révélation du néant des joies terrestres! On dirait une page détachée de la *Divine Comédie*, une scène d'un drame de Shakespeare, un dessin de Delacroix. L'impression d'horreur que l'on éprouve est saisissante, terrible, insurmontable; on frémit devant ce tableau fidèle des crimes d'une époque abhorrée, et on comprend qu'un souffle vengeur ait soulevé dans le cœur d'Orcagna un ouragan d'indignations farouches! Quel roi a jamais regardé cette allégorie sublime sans pâlir! Tout un siècle se trouve reproduit là avec ses amours passionnées et ses haines sanguinaires, ses allégresses insensées et ses lamentations éplorées, ses craintes furieuses et ses espérances rayonnantes. Le grotesque y coudoie le sublime; la verve satirique du penseur austère s'est donné libre carrière. Un homme s'est trouvé qui, remué jusqu'au fond de ses entrailles par le spectacle des iniquités et des scandales que les seigneurs commettaient impunément sous ses yeux, a pris en main la sainte cause d'une classe opprimée, et a voulu montrer aux tyrans le sort que le trépas leur réservait quand sonnerait l'heure du châtiment !

Ils sont là, revêtus de leurs plus riches costumes, escortés de leurs pages et de leurs donzelles au doux sourire, montés sur leurs chevaux superbement harnachés, le cor sonne au fond des bois et le cerf fuit au travers des fourrés, tandis que les limiers s'élancent en bondissant à sa poursuite. Mais voici que soudain, au détour d'un chemin, la noble cavalcade s'arrête brusquement : les chevaux épouvantés dressent les oreilles, allongent le cou en avant, et fixent un œil hagard sur trois cercueils étendus à leurs pieds. Les barons hautains restent immobiles, comme les statues des burgraves sculptées sur les corniches des cathédrales gothiques. Qu'est-ce donc? pourquoi cette terreur subite? Regardez : à quelques pas d'eux, trois cadavres à demi-pourris et déjà presque dévorés par la vermine étalent au fond de leurs bières leur repoussante laideur ! Puis, au-dessus de cette composition d'un réalisme si énergique, voyez-vous ces bons moines, au visage joyeux, en train de cultiver leur jardinet fleuri, tandis que la biche à l'œil timide, folâtre à côté d'eux, et que des lapins au museau rose, trottant parmi le thym et la rosée, broutent le serpolet.

Une autre fresque représente une horde de mendiants et d'infirmes, implorant la mort qui reste sourde à leurs prières. Ils sont pourtant bien dignes de cette triste faveur, ces misérables en haillons, dont la vue seule fait pâlir les humains.

Mais non, l'horrible faucheuse qui change les yeux des mères en ruisseaux, sait choisir ses victimes. Elle dirige son vol vers un bosquet d'orangers où les gazouillements des oiseaux au plumage doré se mêlent au ramage d'un essaim de jouvenceaux et de jouvencelles, auxquels un blond troubadour chante, en s'accompagnant sur un luth mélodieux, une romance du gai pays de France.

A côté de ces belles productions du pinceau d'Orcagna est suspendu à la muraille un médaillon de Michel-Ange, par lui-même. C'est bien là cet immortel penseur au front cyclopéen, qui n'a pas ri une seule fois pendant toute sa vie, et dont le seul plaisir fut d'étonner le monde par l'audace effrayante de ses créations.

Ainsi tout est désolé dans cette antique cité de Pise. Assise comme une veuve éplorée sur le bord de son fleuve, elle se lamente depuis des siècles en songeant aux jours de gloire et de bonheur qui se sont envolés pour ne plus revenir! Le poète l'a dit : Pise n'est plus; la mort a triomphé!

Un enterrement de pénitents noirs.

Le soir de notre arrivée à Florence, nous errions dans les rues. Un spectacle étrange se déroula en quelques instants devant nous. Il pleuvait à torrents; le ciel était couleur d'encre; de temps à autre un éclair déchirait ce voile de deuil; le vent soufflait par rafales. Dix hommes, vêtus de noir, et dont les deux yeux brillants sortaient par deux trous percés dans le capuchon qui leur recouvrait la tête, passèrent à côté de nous au pas accéléré; ils portaient sur leurs épaules une bière couverte d'un drap sombre; trois autres les suivaient tenant à la main des torches qu'ils secouaient en pluie d'étincelles contre les murs en affectant une insouciance qui nous fit frissonner. Ils disparurent avec la rapidité d'une évocation satanique. C'était un enterrement de pénitent.

Les Vierges de Santa-Annunziata.

Nous avons visité les églises qui contiennent les fresques d'André del Sarto, d'Angelico, du Pérugin et de Fra Bartholomeo. Le moyen âge a été l'époque privilégiée des tableaux religieux.

Les églises étaient ornées par des moines pieux : ils se persuadaient qu'ils étaient utiles à la cause du catholicisme en retraçant l'histoire du Christ, ou la vie des saints, dont ils adoraient les images le front dans la poussière et l'âme transportée d'un saint délire. Ils se mettaient donc vaillamment à l'œuvre et souvent les anges, au dire des naïves légendes du temps, conduisaient la main des peintres ou même achevaient pendant la nuit le travail commencé. Toutes les figures de femmes ont une expression de ravissement et de sérénité qui fait penser aux séraphins. La pureté et la grâce sont peintes sur tous ces visages. Un rayon de bonheur brille dans leurs yeux. Les auteurs de ces fresques ne se sont point attachés à copier servilement un modèle désigné, mais ils ont pris conseil de leur génie et ils ont entrevu ces têtes radieuses dans une de ces méditations poétiques si habituelles aux hommes inspirés. Ce n'est guère que dans ces siècles de ferveur que l'on trouve une telle réunion d'œuvres marquées au cachet de la simplicité, une telle légion de Vierges pensives comme les donzelles dessinées en or fin sur les pages enluminées des missels, et traînant nonchalamment leurs petits pieds dans des flots de velours. Puis, à côté de ces madones qui ont le printemps sur les joues et le ciel dans le cœur, abondent les vieillards majestueux, à la barbe blanche, au front entouré d'une auréole, enveloppés dans leurs manteaux comme des philosophes antiques ou des damoiseaux à la longue chevelure, sveltes et fiers, la toque sur l'oreille, le panache au vent, la dague à la ceinture et la gaieté sur les lèvres.

Il n'y a, à notre avis, rien de comparable aux fresques de Santa-Annunziata. Raphaël lui-même a fait de sa *Vierge à la Chaise* une femme païenne, dont la physionomie n'a rien de divin. Les croyances étaient beaucoup trop affaiblies pour que l'auteur de la *Dispute du Saint-Sacrement* pût donner à la Mère du Christ une expression comparable à celle des Madones de Fra Bartholomeo. Nous avouons que nous préférons les fresques de Santa-Annunziata à toutes les autres peintures des musées d'Italie. Elles ont le don de porter à la rêverie et à la mélancolie, ces deux seules jouissances vraiment dignes des âmes sensibles. Nous concevons toute la félicité que goûtaient les moines du moyen âge qui buvaient à plein cœur au fond de leur calice l'amour mystique, et qui passaient des heures entières plongés dans une sainte extase, tandis que le soleil dorait les vitraux de leurs chapelles, et que l'orgue chantait des mélodies célestes.

Les statues de Florence.

C'est une heureuse idée que celle d'avoir réuni tous les enfants de Niobé dans une seule et même salle. Quoique séparés en réalité les uns des autres, ils ne formaient qu'un groupe dans la pensée de l'artiste. Les filles sont là, tremblantes et effrayées par les flèches que la déesse fait pleuvoir sur elles. Cherchant à se soustraire au courroux vengeur de Diane, elles s'assemblent autour de Niobé comme une volée de colombes qui s'abritent sous l'aile maternelle pendant la tempête. Les fils menacent le ciel de leurs bras furieux. Leurs membres sont admirablement sculptés : la vie circule largement dans ces veines et ces muscles, modelés avec tant de vérité et de science. Un vieillard, drapé dans son paludamentum, court au cirque où s'accomplit la sanglante tragédie. Enfin, un adolescent, le plus jeune descendant de cette race héroïque, est couché sur son manteau, la poitrine transpercée : les ombres de la mort vont bientôt s'étendre sur ses yeux.

C'est à l'église San-Lorenzo que se trouvent les tombeaux des Médicis. La statue de Laurent est vivante, et jamais corps de roi n'a été plus naturellement assis sur un trône : on s'attend à le voir se lever et quitter cette attitude de fierté mélancolique, qui convenait si bien au plus illustre des maîtres de Florence. Les quatre autres figures allégoriques de l'Aurore et du Crépuscule, ainsi que celles du Sommeil et du Réveil, sont des œuvres capitales. Les hommes sont achevés : les formes des femmes ne sont qu'ébauchées : cependant dans toutes on sent palpiter le souffle puissant d'un génie créateur. On dirait que, nouveau Prométhée, l'artiste ait dérobé au ciel l'étincelle divine pour animer la matière et lui donner une âme capable de penser. Tont parle dans ces colosses de marbre qui semblent porter le poids d'une indomptable douleur. Où donc l'infatigable athlète a-t-il trouvé ces modèles? A quel monde ignoré des mortels appartiennent ces groupes étranges? Jupiter n'avait-il pas foudroyé tous les Titans : quelques débris de cette race malheureuse avaient-ils échappé au carnage, et est-ce parmi eux que Michel-Ange est allé chercher le type de ces êtres aux proportions plus qu'humaines, dont il devait nous retracer avec le ciseau, dans un poëme à jamais immortel, les souffrances mystérieuses et les joies inconnues?

Comme nous sommes petits à côté de ces géants de l'intelligence qui, suivant l'expression de Théophile Gauthier,

Eblouissaient l'époque à genoux devant eux.

En face est un groupe à peine dégrossi, représentant l'Enfant Jésus : d'une main il saisit avidement le sein de la Vierge, de l'autre il se cramponne en souriant à son épaule ; c'est simple et touchant comme une églogue de Virgile. Il y a un contraste frappant entre le calme de cette composition et la violence qui règne dans les groupes qui l'entourent.

C'est ainsi que parfois le sculpteur, lassé de lutter contre les obstacles et épuisé par tant d'efforts, se repose de ses fatigues. Cette statue est née d'un sourire. Un rayon de soleil a lui dans un ciel orageux, et a fait épanouir une rose.

Les statues qui garnissent les loges de la Piazza della Signoria et les galeries Uffizi et Pitti, ainsi que les tableaux célèbres, parmi lesquels trône, comme une reine entourée de ses courtisans, la *Vierge à la Chaise*, de Raphaël, ont été souvent reproduits par la gravure, et sont devenus classiques.

Écrit devant la statue de Dante.

Parfois, dans ces siècles à demi-barbares où les peuples, aveuglés par la fureur et l'ambition, s'épuisent en luttes fratricides; dans ces temps où la force brutale domine sans partage et où il semble que le génie artistique des nations se soit éclipsé pour toujours, tant les ténèbres sont profondes, une voix imposante retentit, et les hommes étonnés écoutent avidement les paroles du prophète. C'est ainsi que Dante apparut aux Florentins comme un de ces demi-dieux de l'intelligence qui portent au front l'étoile sacrée de l'inspiration, tandis que les factions rivales faisaient de la *cité pleine d'envie* le théâtre de leurs funestes discordes.

La *Divine Comédie* est demeurée inimitable. La postérité lit avec admiration ces pages sublimes où le poète assigne, avec l'impartialité d'un grand justicier, à tous les personnages célèbres de son époque, la place qui leur est due dans l'Enfer, le Purgatoire ou le Paradis. Cependant, les concitoyens du chantre de Béatrix ne lui avaient point encore élevé de monument qui fût digne de lui. On eût dit que la haine insensée de ses ennemis, qui l'avait chassé de son pays et l'avait contraint à manger le pain amer de l'étranger, le poursuivait encore après sa mort. Cet oubli vient d'être réparé. Sur une des plus belles places de Florence, libre et triomphante, se dresse une superbe statue de Dante, inaugurée l'an dernier. Il est debout, enveloppé dans son manteau, comme un consul romain dans sa toge, et le front ceint d'une couronne de lauriers. Son œil a bien cette expression d'orgueil douloureux et sa lèvre ce pli de dédain farouche que l'on retrouve dans tous ses portraits. Quelle audace dans ce masque puissant, dans cette bouche sur laquelle erre un sinistre sourire de pitié pour les victimes et de malédiction pour les bourreaux, dans ce front décharné, dans ces yeux caves, enfin dans tout le visage de ce penseur à l'âme ardente, que les enfants regardaient passer en murmurant tout bas : Voilà celui qui vient de l'enfer !

Après une visite à la maison de Michel-Ange.

La maison de Michel-Ange est un lieu de pèlerinage pour ceux qui aiment à considérer, avec une touchante piété, tout ce qui a jadis appartenu à un grand artiste et tout ce qui est sorti de ce cerveau fécond, depuis le tableau le plus achevé jusqu'à l'esquisse la plus légère. Quelle gloire que celle qui survit au temps et donne aux moindres productions d'un homme illustre la valeur d'une œuvre parfaite ! Les plus simples dessins deviennent des reliques précieuses devant lesquelles la foule s'agenouille avec un saint enthousiasme, car ces humbles souvenirs lui rappellent le nom d'un sculpteur bien-aimé. Un corps à peine tracé, un buste à demi-ébauché, une tête, un membre, un contour, une ligne, un rien, attirent et charment le visiteur. Il se complaît à reconnaître la touche d'un peintre fameux dans le plus minime de ses travaux. Entre l'auteur du Moïse et Dieu, il y a, s'il est permis de s'exprimer ainsi, ce point de ressemblance que tous deux ont marqué leurs créations d'un cachet ineffaçable.

La cellule de Savonarole.

Après vous avoir promenés au travers de longues galeries, le guide vous introduit dans une petite chambre étroite. Un jour douteux se glissait au travers des énormes barreaux de fer d'une fenêtre en forme d'ogive : une chaise, une table et une planche en guise de lit formaient l'ameublement de ce modeste réduit. C'est entre ces quatre murs dénudés que Savonarole a passé la majeure partie de sa vie à prier et à méditer. Quelle terrible institution que celle de la réclusion monacale ! Grâce à elle, tout homme doué d'une nature vigoureusement trempée s'épure par la solitude, se nourrit de ses propres pensées qu'il roule assidûment en lui-même et devient un de ces prédicateurs à la mâle éloquence, dont la voix tonnante comme le clairon du jugement dernier fait pâlir Balthazar au sein des folles orgies et réveille un peuple abâtardi qui dort sur la tombe entr'ouverte.

Livourne.

Les auberges regorgent de buveurs assis autour des tables grasses, comme dit Horace, et écoutant les Cicéron en casquette de drap, qui les haranguent en agitant leurs cannes d'olivier pour augmenter, par leurs gestes expressifs, le mérite de leur faconde plébéïenne. Les rues sont traversées par un ruisseau d'eau croupissante et bordées de hautes maisons aux fenêtres desquelles se balance le linge humide des habitants. Nous rencontrons de temps en temps des boutiques en plein vent assiégées par des indigènes affamés qui, à l'instar de la famille du Petit-Poucet, telle que nous l'a représentée Doré, happent au passage avec une voracité bouffonne les parts d'un immense gâteau qu'un vendibile leur distribue en affectant de garder une gravité sénatoriale. Les lueurs vacillantes des lampes fumeuses, de forme étrusque, projettent sur ce tableau des teintes originales et éclairent les physionomies de reflets bizarres. Les femmes sont en général mal vêtues et traînent sur les pavés des escarpins à talons de bois qui clapotent d'une façon peu divertissante. En revanche, elles sont peignées avec un soin et un goût qu'envieraient nos plus habiles Figaros.

Le Réservoir du Grand-Duc.

Figurez-vous une nappe d'eau, immobile et transparente comme une glace de Venise : en un mot, une surface limpide comme la fontaine de Narcisse.

Les colonnes et les arcades de la voûte se reproduisent si nettement dans ce miroir, qu'on croirait qu'elles se continuent sous l'eau. C'est splendide comme un décor de féerie. Les rayons d'un soleil éblouissant, se jouant dans ces ondes cristallines, leur donnent des nuances d'un vert d'émeraude dont l'éclat et la douceur fascinent peu à peu les gens d'imagination rêveuse. On est obligé de se retirer pour se soustraire à cet enchantement : il semble qu'un pouvoir mystérieux et invincible vous attire et vous entraîne sans que vous puissiez y résister. Il y a des instants où l'on est tenté de croire que les poètes disaient vrai, quand ils racontaient que les marins enivrés par les chants des sirènes se précipitaient malgré eux, à leur appel, au fond des flots écumants.

ROME

Les environs de Civita Vecchia.

De Livourne à Civita-Vecchia, on traverse des plaines désertes. Au milieu des steppes immenses entrecoupés de pins parasols pittoresquement groupés, paissent des chevaux sauvages, qui s'enfuient en hennissant au passage du train. De vastes fermes aux toits de briques rouges miroitant au soleil, parsèment le tapis grisâtre. Des ruines étrusques, aux proportions colossales, surmontent les collines de leur masse brunie. A l'horizon se dessinent les côtes dentelées de l'île d'Elbe, à demi voilées par les vapeurs du matin.

On ne peut les entrevoir, sans se rappeler aussitôt le rapide éclair des Cent-Jours. A Nunziatella, la solitude devient encore plus complète. On rencontre pendant un trajet de cinq lieues deux hameaux plantés sur des rochers nus comme des nids de vautours. Cependant nous approchons de Civita-Vecchia. Les derniers feux du jour prêt à s'éteindre colorent les cîmes argentées des Apennins, et sèment sur les feuilles des arbres mille paillettes diaprées. Les herbes se teignent d'un vert pâle. Le ciel semble de velours. Quelques nuages rayés, comme des blocs d'agate, courent çà et là dans l'azur : une brise légère courbe les branches fines des chênes-liége. Des troupeaux de moutons et de chèvres, emprisonnés dans des barrières de filets ingénieusement tressées, paissent tranquillement, et le son plaintif de leurs clochettes trouble seul le silence de la campagne. Les pâtres à la barbe grise et au manteau bariolé dorment près d'eux, tandis que les chiens noirs se reposent à l'ombre. C'est l'heure de l'Angelus. De Civita-Vecchia à Rome le paysage revêt un aspect d'une grandeur et d'une mélancolie inexprimables. Nulle autre contrée n'offre un caractère de tristesse qui lui soit comparable. Au milieu des ajoncs aux tiges grêles reposent les buffles aux cornes monstrueuses et au poitrail gris tacheté de blanc.

Les bergers s'accoudent sur leurs aiguillons et vous regardent passer : les sphinx des environs de Thèbes ne sont pas plus impassibles. Quelques arbres détachent de distance en distance leur silhouette desséchée. Le Tibre roule gravement ses ondes jaunâtres entre deux rives sans verdure : on croirait ces lieux inhabités, si la fumée qui s'échappe en minces tourbillons des toits de chaume des cabanes rustiques, n'attestait la présence de l'homme. Déjà on aperçoit à l'horizon la ville de Rome avec ses monuments antiques, ses églises modernes, ses dômes étincelants sous les rayons du soleil, et la basilique de Saint-Pierre surmontée d'une croix qui se découpe sur le fond du ciel bleu comme pour indiquer de loin aux pèlerins la route du salut !

. . . .

L'entrée dans Rome.

Une longue suite de murailles tapissées de plantes sauvages d'une exubérante végétation entoure les palais, les monastères, les édifices de tous genres, les colonnes, les arcs-de-triomphe, les tourelles, les clochers que la cité des papes renferme dans son sein. Tout autour de vous se déroule le linceul gigantesque des plaines jonchées de colonnes brisées, de statues renversées, à demi disparues dans les herbes et gisant éparses comme autant de morts étendus sur un champ de bataille. Au fond, les Apennins lèvent fièrement leurs têtes ceintes d'un casque d'argent. Ils sont là debout et imposants. Rien n'a souillé la virginité de leurs robes blanches : ils n'ont pas changé : les siècles se sont succédé, et les cimes de ces montagnes sont encore aussi triomphantes de jeunesse et de gloire que lorsque les aigles romaines couvraient l'univers de leurs ailes. Ils veillent, en dernières sentinelles, autour des tombeaux et des reliques dont Rome a reçu le dépôt sacré, et resteront, jusqu'à la fin du monde, les défenseurs de celle qu'un orateur de génie a appelée « la captive de la jalousie universelle ! » Malheur à celui qui, en ce moment, n'a pas senti son cœur battre plus vite, et qui n'a pas remercié tout bas le Seigneur d'avoir pu saluer la reine du monde catholique !

Une promenade dans Rome.

Pour avoir une idée générale de Rome, il faut faire une première promenade dans la ville et s'efforcer de saisir l'ensemble de cette cité jadis si animée qui aujourd'hui est devenue, suivant la belle expression de Corinne, dans son improvisation au Capitole : la patrie des tombeaux. Le Corso, tant vanté par Stendhal, est une rue très-ordinaire, qui ne mérite d'être admirée que quand le carnaval, agitant les grelots de la Folie, essaie de faire revivre les splendeurs du passé. Le pont Saint-Ange réunit les deux rives du Tibre, dont les ondes coulent lentement le long de ces bords, qui furent le berceau d'un des plus grands peuples de l'univers. C'est là que se dressent les statues de saint Pierre et de saint Paul, morts tous les deux pour sceller de leur sang, la fondation d'une religion destinée à régénérer le monde romain abâtardi par la tyrannie des Césars. Du haut du château Saint-Ange, un ange de bronze ouvre les ailes; le soleil fait miroiter l'épée qu'il tient à la main. On dirait qu'il est placé là pour protéger Rome, et son geste impérieux semble interdire aux ennemis de Dieu l'approche de la capitale de la chrétienté! Vue à distance avec ses deux rangées d'arcades surmontées de statues, son obélisque, son dôme, son portique, ses fontaines jaillissant en panaches d'écume, l'esplanade de Saint-Pierre produit une impression profonde sur l'esprit des voyageurs : après avoir contemplé un instant cet édifice majestueux, on soulève le rideau qui ferme l'entrée, et on pénètre dans l'intérieur de l'église. On reconnaît aisément la nef et les nombreux transepts. C'est bien ainsi que les représentent les estampes du siècle dernier. Aucun monument de ce genre ne peut être comparé à Saint-Pierre de Rome. Nulle part l'éclat et la pompe que le culte catholique doit avoir, n'ont été mieux compris. Ces chapelles, ces tombeaux avec ces sarcophages, ces mosaïques des tableaux les plus célèbres, ces marches antiques, ces mille décorations, ces peintures de la coupole, ces autels resplendissants, ces mille colonnes de porphyre sont comme autant de marques éclatantes de la puissance de la religion, et de la vénération des fidèles. Les deux lions de

Canova qui ornent le tombeau de Clément VII sont d'une vérité saisissante. Il y a dans l'attitude de l'un de ces rois du désert, qui repose la tête penchée, les yeux demi-clos, un naturel digne des Phidias et des Praxitèle. Le Pie VI agenouillé de Canova fut le chant du cygne de l'illustre sculpteur : avant de renoncer pour toujours à manier le ciseau, l'immortel artiste rassemblant les derniers restes d'un génie expirant, voulut faire sortir d'un bloc de Carrare une statue capable de rivaliser avec ses sœurs aînées.

Quelques femmes disent leur chapelet, devant les reliques des saints. Parfois les pleurs glissent le long de ces joues amaigries par la souffrance, et c'est alors que l'on sent ce qu'il y a de sublime dans la résignation avec laquelle les âmes pieuses se soumettent aux volontés divines. Parfois un pâtre baise avec humilité le pied de la statue de saint Pierre, et se retire le cœur soulagé par l'espérance que ses vœux secrets seront exaucés.

Du sommet de la tour du Capitole, on domine la ville de Rome et les sept collines : les souvenirs chantés par Horace, des luttes des peuples, des cérémonies païennes, des fêtes, des révolutions qui se sont succédé dans cette enceinte célèbre, se présentent tour à tour à votre esprit. Les souvenirs de l'histoire romaine vous reviennent en mémoire.

Les mouvements de terrain ont beaucoup abaissé la roche Tarpéienne et le Capitole. Aussi a-t-on peine à reconnaître dans ce que les barbares descendants des Scipion appellent le Campo d'Oglio, l'édifice qui fut le théâtre de tant de superbes triomphes. Ces mêmes sauvages qui foulent aux pieds les nobles traditions de leurs ancêtres, ont baptisé du nom stupide de Campo Vaccino, le Forum, où se jouèrent pendant des siècles les destinées de l'univers. Çà et là, quelques frêles colonnes, au chapiteau orné de feuilles d'acanthe, se dressent sur le vieux palais romain.

Elles sont debout

Comme après le carnage et sur des murs croulés,
Les filles des vaincus qui pleurent sur leurs pères.

A droite se suspendent les terrasses des jardins de Néron : c'est là que le tyran maudit, le front couronné de roses, vêtu de pourpre, une lyre à la main, chanta un hymne à Bacchus, tandis que les flammes de l'incendie allumé par ses ordres, dévoraient l'antique cité de Romulus. L'empereur Napoléon III, qui s'est toujours intéressé, d'une manière particulière, à tout ce qui se rapporte à l'époque des Césars, fait pratiquer des fouilles dans cet emplacement, et déjà une partie des débris des palais impériaux ont reparu à la lumière. L'aspect que présente aujourd'hui le Forum est d'une tristesse sombre mêlée d'une douce poésie, et rien ne parle haut comme le silence qui plane sur les champs du peuple-roi.

Plus loin, les restes des temples de la Paix, de la Victoire, de la Concorde, de Jupiter Stator, ombragés de platanes touffus et de pins parasols au feuillage sombre, disparaissent à demi sous le lierre qui protége leur majesté en deuil. Les temples, a dit avec raison Auguste Barbier, sont les âmes des villes :

Du foyer domestique et du corps des vieillards,
Les monuments sacrés sont les derniers remparts.
Et lorsque sur la terre ils penchent en ruines,
Leurs ruines encor sont des choses divines,
Ce sont des prêtres saints que l'âge use toujours
Et qu'il faut honorer jusqu'à leurs derniers jours.
. . . .
Adieu, tristes débris, dans votre noble tombe,
Dormez, dormez en paix. . . . .

En face surgissent, des arcs de triomphe, enfouis dans les décombres, comme les arches d'un pont gigantesque effondré. Dans le fond, apparaît la masse sévère du Colysée ; quand le visiteur recomposant, avec l'imagination, toutes les parties de ce vaste édifice, songe au luxe effréné que les empereurs déployaient dans leurs fêtes, et se représente ces cent mille spectateurs de tout âge et de tout rang qui assistaient, l'œil fixé sur l'arène, à l'égorgement des gladiateurs, il s'étonne de la solitude qui règne dans cette enceinte désolée.

Aujourd'hui, l'herbe croît entre les fentes et les lézardes des pans de murs écroulés. Quelques oiseaux effarés jettent, dans les embrasures, une note d'angoisse plaintive, et s'enfuient avec un bruissement d'ailes qui fait tressaillir. C'est imposant comme la solitude, grand comme la douleur. Hélas! la robe de pierre du Colysée a été profanée par les destructeurs, qui ont enlevé les décorations pour en parer les palais des seigneurs féodaux. On plaint tout bas cette victime infortunée, qui vous montre ses plaies béantes. De petites chapelles, bâties de distance en distance, se tournent vers vous, comme un chapitre de moines, et au milieu une croix étend ses longs bras de fer.

Nous nous étions assis sur les gradins, tenant à la main un livre de Châteaubriand, les *Mémoires d'outre-tombe* : nous relisions la mort de Mme de Beaumont. Nous la revoyions telle que le poète nous l'a décrite pâle et déjà presque inanimée : elle promenait ses yeux sur ces portiques qui avaient tant vu mourir; son ami méditait près d'elle : par instant une larme furtive mouillait sa paupière et la souffrance débordait dans son cœur déchiré. Il ne pouvait se résoudre à voir s'éteindre dans ses bras celle qui lui était si chère. Soudain Mme de Beaumont arrêta ses yeux sur la croix, et tournant vers Châteaubriand ses regards humides, elle dit d'une voix faible : « Allons-nous-en ; j'ai froid. » Elle ne devait plus se relever.

La chambre du Tasse à l'Onofrio.

C'est dans le couvent de Saint-Onofrio que le Tasse, lassé d'avoir lutté contre la tempête pendant si longtemps, vint chercher le repos, et vécut loin des orages de la vie mondaine. Cette retraite était bien choisie ; et chaque matin, le poète admirait, de sa fenêtre, le soleil se levant sur la ville éternelle. Un moine nous introduisit dans la chambre qu'il occupa et nous montra quelques objets qui lui avaient appartenu, entre autres, son encrier, sa plume et son miroir, seuls objets qu'il eût emportés avec lui, seuls restes de son antique splendeur !

Au mur sont suspendues quelques couronnes de laurier qu'une main discrète renouvelle, avec une touchante sollicitude. On a eu la charmante pensée de le peindre à fresque sur la muraille ; le relief est tel que quand on ouvre la porte, on est un instant le jouet d'une aimable illusion : on croit le voir se promener dans la chambre , vêtu du costume du temps, le front baissé et l'air méditatif. Il va relever la tête et parler.

Dans le jardin, s'élevait jadis un chêne séculaire à l'ombre duquel le poète infortuné avait l'habitude de s'asseoir pour rêver à sa maîtresse adorée, et oublier dans les méditations l'amertume de ses maux. La foudre a renversé cet arbre en 1842.

Les Catacombes.

De même qu'on aime, après avoir suivi les rives d'un fleuve, à remonter jusqu'à sa source, de même après avoir parcouru la capitale du catholicisme, après avoir assisté aux fêtes pompeuses qui se célèbrent dans Rome, on se plaît à songer à ce que fut à son berceau cette religion qui gouverne aujourd'hui le monde civilisé. Pendant bien des années, les premiers chrétiens, obligés de se cacher pour éviter les persécutions des empereurs romains, se réfugièrent au fond des souterrains dont l'existence resta ignorée de leurs ennemis. Les catacombes sont nombreuses aux environs de Rome. Nous avons visité celles de sainte Calixte. Notre cicerone marchait devant nous, une torche à la main; nous le suivions avec attention craignant de nous égarer au milieu de ces dédales qui croisent en tous sens leurs défilés ténébreux. Nous redoutions par instant que les lumières ne s'éteignissent, car il est difficile de se diriger, dans la nuit, au travers de ce labyrinthe et on courrait risque de s'y perdre. C'est ce qui arriva au peintre Robert, dont Delille a raconté les angoisses et les terreurs dans un de ses meilleurs poèmes. Notre guide nous lisait les inscriptions, nous indiquait les excavations destinées à renfermer les ossements des morts. Il nous conduisit devant un modeste autel de pierre. C'est là que pendant plusieurs siècles de pauvres prêtres disaient la messe, instruisaient les fidèles et baptisaient les néophytes. Il y a quelque chose de singulièrement grand dans le contraste que présentait alors la ville de Rome corrompue et avilie par le despotisme des Césars, avec l'humilité et la pauvreté des chrétiens qui préféraient les privations et la misère à la richesse et aux honneurs. La foi leur servait de cuirasse, et leur permettait de résister aux tentations. Puis quand ils étaient découverts on les traînait devant le tribunal ; leur courage ne se démentait pas, ils refusaient de se soumettre aux exigences tyranniques des juges, on les menaçait des plus horribles supplices : ils persistaient dans leur sainte rebellion, on les livrait aux bêtes féroces et ils mouraient, les yeux radieux, la lèvre souriante, car ils voyaient, dans leur extase, les anges préparer les couronnes d'immortelles destinées à orner leur front. Le sang des augustes victimes ne fut point répandu en vain, et ces exemples d'héroïsme sauvèrent la religion en péril. Aujourd'hui encore, tandis que les adversaires du Saint-Siége essaient d'ébranler l'autorité de l'Église, et ne reculent devant aucune calomnie pour détourner les âmes du sentier de la vérité, d'humbles missionnaires parcourent les pays inconnus, la croix à la main, prêchent l'Évangile chez les nations barbares, et s'offrent en holocauste pour l'expiation des péchés du monde! On erre ainsi, pendant plusieurs heures, au milieu des sépulcres des martyrs. Les reliques qui garnissaient autrefois chaque niche ont été, en majeure partie, transportées à Rome; quelques-unes y sont encore aujourd'hui exposées à la vénération des visiteurs. Les autres ont été distribuées dans tout l'univers.

Après avoir parcouru les catacombes en tous sens, nous revînmes sur nos pas et bientôt à l'extrémité d'une longue galerie, nous aperçûmes le jour : quelques instants après nous reprenions la route de Rome. Un soleil resplendissant illuminait la campagne; les fleurs des abricotiers s'épanouissaient sur les branches; c'était un dimanche : nous avions à peine fait quelques pas qu'un spectacle touchant frappa notre vue : au milieu d'une plaine se dressait un petit chariot surmonté d'un autel portatif ; l'attelage des mulets était couché dans les herbes ; un prêtre disait la messe. Des bouviers à la veste de buffle, des cavalvatori armés de leurs aiguillons, des paysans portant leur carabine en bandoulière, des enfants, des femmes, agenouillés en cercle, écoutaient avec recueillement. Un bambino en robe rouge, monté sur une éminence, agitait une sonnette pour appeler les retardataires.

Une messe à la Sixtine

A dix heures sonnant, les portes de la chapelle Sixtine s'ouvrirent. Les Suisses, dont le costume rappelle celui des lansquenets de Charles-Quint, le casque ombragé d'un panache blanc, la hallebarde damasquinée à la main, entrèrent tambour battant, et se rangèrent autour de la nef. Le public fut alors admis à pénétrer dans l'enceinte sacrée : les hommes sont habillés de noir, les femmes portent la mantille ; c'est le costume traditionnel. Les camériers, les massiers, les diacres ayant tous des insignes particuliers prirent place dans les bancs inférieurs. Les cardinaux, en robe rouge, bordée d'hermine, s'avancèrent ensuite majestueusement. Ils avaient tous des physionomies très-expressives : on retrouvait chez quelques-uns ces profils aux traits énergiques, que Benvenuto Cellini a sculptés dans ses camées d'ivoire. Un vieil ermite, à la barbe grise, la corde à la ceinture, le front sillonné de rides profondes, se prosterna devant l'autel, les bras croisés sur la poitrine et resta en extase pendant toute la durée de la cérémonie sans lever la tête. Il y avait là de quoi confondre les philosophes contemporains les plus incrédules et les plus hostiles à la religion. Jamais je n'ai vu une pareille expression de piété jointe à la douceur et à la bonté la plus parfaites. Lesueur seul eût été capable de rendre avec le pinceau tout ce qu'il y avait à la fois d'humble et d'élevé, dans l'attitude de ce moine agenouillé et priant. Cependant la messe commença. Un demi-jour vague perçait au travers des vitraux de la chapelle. L'encens fumait hors des encensoirs, les cierges brûlaient et projetaient leurs flammes vacillantes sur les fresques du Jugement dernier, et les mille figures qui composent cette peinture étrange semblaient se mouvoir dans l'ombre. Bientôt les chants commencèrent. Ces mélodies avaient quelque chose de triste et de résigné, comme les adieux d'une âme trop longtemps captive sur cette terre, qui s'apprête à retourner dans sa céleste patrie. Peu à peu l'esprit, subjugué par les mille émotions que fait naître en lui ce spectacle imposant, cède à la rêverie ; les yeux se ferment : on est bercé dans un demi-sommeil, et tous les objets ne vous apparaissent plus que dans un lointain confus. On murmure un *Ave Maria*, tandis que les prophètes, les sibylles et les anges qui décorent les voûtes, vous regardent de leurs grands yeux pensifs, où brille un rayon d'éternelle félicité ! Puis la messe finit, les voix se taisent, les flambeaux s'éteignent, le cortége se retire sans bruit, vous vous apercevez que vous êtes seul, et dans ce silence mystérieux, vous sentez comme un parfum de félicité inonder votre cœur : l'ange de la foi vous a effleuré de son aile.

Les Pifferari de la place d'Espagne.

Une fontaine monumentale orne la Piazza d'Espagne. C'est là que vers midi se réunissent deux fois par semaine, les paysans des environs de Rome qui servent de modèles aux jeunes élèves de l'école des beaux-arts. Ils viennent par bandes s'échelonner sur les marches de l'église voisine, et forment, sans le vouloir, des groupes très-pittoresques : les hommes sont enveloppés dans une peau de mouton ; des bandelettes de mille couleurs s'enroulent autour de leurs jambes, un chapeau calabrais, décoré de rubans variés, surmonte leur chef. De longs cheveux noirs, naturellement bouclés, encadrent un visage hâlé par le soleil : leurs yeux ont une expression de finesse tempérée par une bonhomie naïve. Ils sont en général de haute stature, fortement bâtis, vigoureux sans lourdeur ; les formes athlétiques de l'Hercule

Farnèse se retrouvent chez quelques-uns. Les femmes vêtues comme les paysannes de Léopold Robert, devisent entre elles et poussent de joyeux éclats de rire : leurs cheveux sont lustrés avec une coquetterie charmante; leur profil est d'une régularité digne des statues antiques, leur peau chaudement colorée, leurs lèvres fines, leurs dents d'une blancheur immaculée, leurs regards fixes et flamboyants. Les unes sont assises, le cou penché, elles dorment au soleil. Les autres vont et viennent. Leurs jupes rouges et leur coiffure leur donnent un aspect original. Elles ont conservé dans leur démarche cette suprême majesté qui était un des traits caractéristiques des matrones romaines. Elles vous montrent avec complaisance leurs bracelets, leurs colliers de corail, leurs pendants d'oreille ; à côté d'elles des bambini enfouis dans des manteaux en loques, qui ont abrité plus d'une génération, la mine arrogante, vrais Fra Diavolo en herbe, s'étudient à prendre des poses hautaines. Parfois une jeune femme relève sa manche, et laisse voir son bras arrondi, comme les anses d'une amphore grecque. On songe aux bronzes du Capitole. Plus loin, un bouvier, dans un mouvement brusque, découvre une jambe admirablement modelée qui rappelle celle de Discobole antique. Quels hommes étaient les ancêtres de ces montagnards dégénérés ! Comme on comprend, rien qu'en contemplant ces pâtres, l'admiration enthousiaste des anciens pour la forme et pour la beauté du corps ! Quels effets devaient produire les plis d'une toge ou les draperies d'un manteau ramené d'un geste tantôt gracieux, tantôt hardi sur une épaule de Cornélie ou sur un torse de Scipion ! La différence qui existe entre la taille des peuples d'aujourd'hui, et celle des nations d'autrefois suffirait à expliquer la décadence dans laquelle l'art de la statuaire est tombée de nos jours. Jamais les Phidias, les Praxitèle n'ont été surpassés. Les chefs-d'œuvre de Michel-Ange appartiennent à un tout autre ordre : ce sont des colosses, des Titans dont les proportions n'ont rien d'humain et qui sont plus faits pour nous étonner que pour nous charmer.

Les Italiens de la place d'Espagne gagnent en trois mois de quoi vivre durant le reste de l'année : ils se nourrissent de peu, mènent une existence monotone, et de retour dans leurs montagnes, passent leur temps dans l'oisiveté, gardant leurs troupeaux, ou sommeillant à l'ombre des pins parasols pendant des journées entières.

Rome à minuit.

Nous errions à l'aventure sur le vieux pavé romain, en songeant à l'abandon dans lequel l'antique cité des Césars est aujourd'hui plongée. Un long voile noir s'était étendu sur le ciel. Pas une étoile au firmament. Au milieu des ténèbres épaisses, on distinguait vaguement les silhouettes des édifices dont la lune, à demi-masquée par les nuages, mettait en saillie les lignes hardies. Quelques lumières tremblotaient de loin en loin. Un calme effrayant planait sur la ville endormie, et l'écho répétait de sa voix monotone le bruit de nos pas résonnant sur les dalles usées. Ces portes garnies de barres de fer, ces fenêtres grillées, ces files de murailles nues, ces ruelles étroites débouchant sur de vastes places désertes, où se dressaient des colonnes au fût grisâtre, ces arcs de triomphe à demi-enfouis dans le sol, ces statues immobiles, et semblables aux groupes sculptés sur les tombeaux, tout cela portait l'âme à la mélancolie et à la tristesse. Il nous semblait que nous étions dans un immense cimetière, et qu'à chaque instant nous marchions au milieu des sépulcres. De temps en temps, nous rencontrions une croix, et nous nous signions avec une émotion mêlée de crainte. La mort avait passé par là et n'avait laissé que des décombres. Nous allions toujours devant nous : nous étions arrivés au Forum : nous n'avions pas aperçu un seul être vivant. Le Colisée dessinait dans les profondeurs de l'obscurité sa courbe majestueuse. En ce moment, les arcades figuraient des yeux énormes, et les portes imitaient la bouche; nous étions en face d'une tête de squelette, oubliée dans cette solitude par les fossoyeurs. C'était l'heure sinistre où les façades des monuments abandonnés ne sont plus des façades, mais des visages. Soudain nous crûmes voir se glisser, dans la nuit, des fantômes qui disparaissaient derrière les ruines des édifices écroulés. Les spectres des Césars viendraient-ils quelquefois errer au sein de ces débris funéraires!..... Oh! comme le silence des nuits sombres ajoute d'angoisses à la douleur!

Une illumination dans Rome.

Le gouvernement avait recommandé qu'on illuminât. C'était l'anniversaire du retour de Pie IX de Gaëte. A certaines époques de l'année, la pauvre morte tressaille dans son cercueil, on la couvre de fleurs, on allume des flambeaux à ses pieds. On dirait qu'elle va ressusciter. Mais non , ce n'est qu'un éclair fugitif, un réveil passager, un instant d'ivresse : elle retombe dans son calme accoutumé. Ce soir-là, Rome était donc sortie de sa léthargie habituelle. La journée entière avait été employée à répandre la mousse sur les pavés, à dérouler les tentures, à décorer les fenêtres et les portes des maisons de bouquets de fleurs, à enrouler des guirlandes autour des colonnes consacrées au culte catholique, à élever sur la place des arcs de verdure, et à suspendre des verres de couleur à tous les balcons. Les principales ruines étaient éclairées au feu de Bengale. Des torches brûlaient aux entrée du pont Saint-Ange. Chacun s'était mis à l'œuvre avec une activité fiévreuse. Toute la garnison était sur pied : à onze heures du soir, un magnifique feu d'artifice fut tiré du haut du château Saint-Ange. Une foule bigarrée couvrait les abords du Tibre, criant, gesticulant. A tout moment, des pétards éclataient. L'artillerie pontificale leur répondait par des salves d'allégresse. Tout celà répandait l'animation sur ces rues d'ordinaire si désertes. Soudain des fanfares se font entendre, et annoncent l'arrivée du pape ; les cuirasses des gardes nobles reluisent dans l'ombre, les épées brillent, le carrosse du Saint-Père apparaît au loin : le peuple s'agenouille sur le passage du cortége : Pie IX donne sa bénédiction à haute voix, et des hourras frénétiques montent bientôt jusqu'au ciel..... Une heure après, nous regardions couler les ondes du Tibre. Tout se taisait, les feux s'éteignaient, et Rome était de nouveau rentrée dans le sommeil.

Le Pape à la Minerve.

Les abords de la place étaient gardés par les gendarmes à cheval. A toutes les fenêtres des maisons de la Piazza della Minerva, pendaient des tapisseries garnies de bouquets de fleurs ; des arcs de verdure se dressaient en face de l'église : les dames de l'aristocratie, en grande toilette, étaient à leurs balcons, et les guirlandes de roses qui couraient le long des murailles, formaient l'encadrement de plus d'un charmant tableau. La place était encombrée d'une foule tumultueuse, riant et s'agitant. Un régiment française et un piquet de gardes nobles , le sabre au poing , maintenaient l'ordre en faisant piaffer leurs montures : dans les ruelles débouchant sur la place, s'alignait le long cortége des carrosses armoriés des cardinaux, avec leurs cochers portant perruque, et leurs laquais chamarrés d'or, chargés de déployer le parapluie rouge. Nous entrons dans l'église. Le pape officiait. La messe terminée, le peuple se précipita vers les portes pour sortir. Le défilé commença. La cavalerie précédait le carrosse du Saint-Père, traîné par six magnifiques chevaux, richement caparaçonnés. Pie IX se penchait de temps en temps à la portière : il donnait sa bénédiction en s'inclinant doucement : il était pâle et fatigué ; un sourire de bonté errant sur ses lèvres augmentait encore le charme de cette majesté sereine. Un monsignor venait ensuite, monté sur une mule blanche, tenant à la main une croix d'or, et accompagné des prêtres et des camériers, qui agitaient les éventails en plumes de paon ; l'état-major français suivait ; les carrosses des cardinaux s'avançaient au pas ; la garde palatine fermait la marche.

Au moment où la voiture du pape s'ébranla, un hourrah immense et retentissant comme le bruit des flots, partit du sein de la foule. Les Romains acclamaient leur pontife, et leurs paroles d'amour s'élevaient vers le trône de l'Éternel.

Michel-Ange et Raphaël.

Parmi les artistes dont les œuvres remplissent les musées de Rome, et dont les noms resteront à jamais gravés au livre d'or de l'immortalité, deux surtout brillèrent d'un éclat sans égal : ce sont Michel-Ange et Raphaël. Il semble qu'ils aient l'un et l'autre, dans des genres différents, atteint les dernières limites de l'art et qu'ils ne puissent être surpassés. Michel-Ange est le Shakespeare de la statuaire, Raphaël est le Virgile de la peinture. La vie de Michel-Ange fut d'une pureté exemplaire. Resté vierge, au milieu d'un peuple corrompu et avili par les guerres civiles, il passa soixante ans à composer les divers chants de cette gigantesque épopée que nous étudions aujourd'hui. Il n'aima qu'une seule femme, mais de cet amour mystique dégagé de toute pensée matérielle, de tout désir charnel, qui fortifie l'âme, élève les caractères, et allume chez les natures vigoureusement trempées l'étincelle de l'inspiration. Il nous a raconté dans ses sonnets l'histoire de cette passion. Victoria nous apparaît comme un de ces êtres mystérieux, échappés du royaume des séraphins, qui n'appartiennent pas à la race des mortels, et ne font que se poser un instant sur la terre, pour s'envoler vers le ciel! Elle le quitta trop tôt, hélas, et il regretta toujours de n'avoir pas, à son lit de mort, baisé, au lieu de sa main, son front chéri. Il s'endormit, à son tour, du sommeil éternel, comme un moissonneur lassé qui se repose à l'ombre d'un chêne des labeurs de la journée. Il semble que Michel-Ange se soit représenté dans le *Moïse* : cette barbe de Titan, ce front large sillonné de rides profondes, ces grands yeux rêveurs, cette expression de suprême mélancolie empreinte sur son visage, cette main aux veines saillantes, cette lèvre aux plis farouches, tout cela convenait bien au penseur austère qui a peint les fresques du *Jugement dernier*. La muse l'avait nourri de ce lait puissant qu'elle réserve pour ses enfants les plus robustes, et c'est à cette source féconde qu'il puisa l'énergie nécessaire pour triompher dans le duel terrible, qu'il soutint avec tant de courage contre ses passions et contre la matière rebelle.

L'existence de Raphaël fut beaucoup moins agitée que celle de Michel-Ange. Il habita le palais des princes, et exécuta paisiblement les nombreux tableaux qui ornent les musées de Rome et les galeries du Vatican. Il ne connut jamais les orages du cœur; sa vie fut unie et douce comme un lac, et son âme planait dans les régions sereines de l'idéal à des hauteurs trop élevées pour descendre jusqu'aux misères des intérêts vulgaires. Il fut l'un des hommes les plus séduisants de son époque: on imaginerait difficilement une expression de bonté plus parfaite : ses portraits nous le montrent, les cheveux flottants, le regard pensif, la lèvre demi-souriante, la tête légèrement inclinée, et appuyée sur une main d'une délicatesse presque féminine. Les traits principaux du génie de Raphaël sont la grâce et la douceur. Si parfois dans quelques-uns de ses tableaux, il a dû faire preuve de vigueur et de force, ce n'est là qu'une exception. La violence n'était pas le lot de cette frêle nature. Il excellait principalement dans les fresques. Son talent de dessinateur se déployait à son aise, dans ce genre de peinture, où les exigences de la composition ne nuisaient pas à l'exécution des personnages. Une harmonie sublime règne dans chacune de ses œuvres. Raphaël a eu de ces finesses exquises, de ces raffinements de sentiment qui ne germent d'ordinaire que dans l'esprit des artistes d'élite, semblables à ces fleurs qui ne s'épanouissent que sous les rayons d'un soleil privilégié. Virgile, Racine, Mozart ont connu ces élans de tendresse naïve propres aux âmes sensibles. Les Vierges du divin Sanzio portent toutes au front l'étoile sacrée de l'innocence : leurs traits ont conservé ce je ne sais quoi d'enfantin, qui fait le charme de la jeune fille prête à devenir femme; leurs yeux ont une expression de candeur angélique; on dirait un parterre de boutons de roses qui n'attendent que les caresses du printemps pour entr'ouvrir leurs calices. Il en est des toiles de Raphaël comme des mélodies de Mozart et des strophes de Lamartine, où tous les sons, et tous les vers découlent d'une source plus claire et plus limpide que la fontaine de Castalie.

Il s'éteignit à trente-trois ans; ceux qui meurent jeunes, a dit un poète ancien, sont aimés des dieux, et, suivant l'expression d'un de ses frères en rêverie :

..... Pour que le néant ne touche point à lui,
C'est assez d'un enfant sur sa mère endormi.

Les statues du Vatican et les bustes du Capitole.

Les vers d'Homère suffisent seuls à faire comprendre toute la valeur des statues du Vatican. Il faut, quand on les examine, ne pas oublier que tous les arts chez les anciens tendaient à développer en même temps l'intelligence et les forces, par les exercices du gymnase, de la natation, du cirque et des armes. De là leur enthousiasme pour Alcibiade, et pour tous ceux qui comme lui joignaient à la supériorité de l'esprit, les agréments de la personne. Leurs sculpteurs, leurs poètes, leurs peintres, commentaient dans des créations diverses l'éternel poème de l'idéal. Ils ne s'attachaient qu'à reproduire par le ciseau, ou le pinceau les hommes tels qu'ils les voyaient, autour d'eux, ajoutant à leur œuvre ce qui manquait chez leur modèle, et n'ayant qu'un but unique, arriver à réaliser la perfection dans la forme. Leurs divinités n'étaient que des êtres humains, aux membres admirablement modelés, aux attitudes fières, et aux gestes majestueux. Les draperies étaient pour les Grecs l'objet des études les plus consciencieuses. Les exigences de la décence moderne, et l'usage des vêtements serrés, ont singulièrement changé la structure même du corps et ont beaucoup contribué à altérer la pureté des lignes. Habillée comme on l'est de nos jours, la Vénus de Milo, que les Grecs considéraient, à juste titre, comme le type le plus accompli de la beauté féminine, ferait triste figure. Parmi les mille statues du Vatican, le *Mercure*, l'*Apollon du Belvédère*, et le *Méléagre*, forment un trio de chefs-d'œuvre qui peuvent être regardés comme l'expression la plus élevée du génie antique. Le Capitole renferme une collection très-curieuse de bustes des empereurs romains. La sérénité répandue sur les traits des dieux du Vatican, et la férocité empreinte sur presque toutes les figures des tyrans impériaux présentent un contraste saisissant. Tous les vices et toutes les turpitudes qui germent, comme des plantes malsaines, dans les cerveaux corrompus se reproduisent sur la face hideuse des Césars. Si jamais ce mot que le visage est le miroir de l'âme a été vrai, c'est surtout quand on l'applique aux Domitien, aux Caligula, et à tous ces despotes sanguinaires qui pendant quatre cents ans traînèrent dans la poussière et le sang la liberté sans vie attachée à leurs chars de triomphe. Ce cabinet d'histoire naturelle offre aux esprits critiques l'occasion de faire une série d'études intéressantes. Chacune de ces têtes a une physionomie qui lui est propre. On se sent au premier instant étonné, et presque effrayé à la vue de tous ces yeux qui vous regardent fixement, comme ceux des assassins rangés en cercle dans une chambre célèbre d'un musée de Londres. Mais bientôt l'illusion s'évanouit, on s'aperçoit qu'on est avec des spectres de marbre, et on admire le talent du sculpteur qui sondant par la pensée, les plus obscurs plis de la conscience de ces monstres, a su leur arracher le secret de leurs crimes, pour l'écrire sur leurs fronts en traits ineffaçables !

Les ruines.

Rien ne donne une plus grande idée de la civilisation des fils de Romulus, comme les appelait Virgile, que l'aspect des édifices à demi écroulés qui peuplent de leurs débris imposants la solitude de la ville éternelle. Il semble que tous ces monuments en ruines vous racontent les exploits de cette nation guerrière qui soumit l'univers à ses lois; les pierres parlent; chacune d'elles a été le témoin muet d'une période illustre de la vie des maîtres du monde, et tous ces monuments à demi détruits par le temps forment comme autant de chants d'une nouvelle Iliade, dont on aime à relire sans cesse les récits émouvants. Les murs d'enceinte qui déroulent autour de la cité des Césars leur ruban grisâtre, remontent en partie aux premiers temps de l'histoire romaine. Les tombeaux, les temples, les colonnes, les arcs de triomphe, datent de la République, qui y inscrivit les victoires des consuls en termes immortels. Les cirques et les amphithéâtres ont été construits par les empereurs, et les fêtes pompeuses qu'on y célébrait consolèrent pendant des siècles les lâches descendants des Scipions de la perte de leur liberté. Les thermes de Caracalla sont, suivant le mot d'un voyageur moderne, après le Colisée la plus belle chose qu'on puisse voir à Rome. La courbe immense, interrompue en plusieurs endroits, découpe sur l'azur ses lignes brisées; quelques voûtes de brique rougeâtre, disparaissent sous le lierre qui les inonde; des herbes sauvages pendent par les ouvertures en rameaux touffus. Çà et là quelques statues mutilées gisent auprès des colonnes couronnées de plantes grimpantes qui les parent de leur grâce mélancolique : n'avez-vous jamais vu une jeune fille étendue sur son lit de mort, le front ceint d'une guirlande de marguerites? Le soleil sème ses rayons dorés sur les grands pans de murs effondrés, et attache sur les épaules de ces monstres de pierre un manteau d'ombre; les anémones rêvent dans les fossés, la tête inclinée; des bouquets de rosiers sauvages isolés, de distance en distance embaument l'air de leurs mille senteurs, derniers parfums offerts par la nature aux pauvres divinités oubliées qui jonchent les tertres de gazon, et dont les marguerites couvrent la nudité comme d'un linceul de neige. Quelques chênes-liége caressent les vieux géants de pierre de leurs branches flexibles. Il est à remarquer que les êtres du règne végétal prennent un développement étrange lorsqu'ils naissent dans le voisinage des ruines : la mort leur donne une double vie. Un chœur d'oiseaux babillards gazouille au milieu de ce désert qu'il anime de ses chants mélodieux!

La campagne de Rome.

Les promenades aux environs de Rome, telles que le tour des murs d'enceinte, la visite aux monuments antiques, les excursions d'Albano, de Frascati, de Tivoli, offrent mille agréments divers. On se complaît à se représenter telle qu'elle était au temps de sa splendeur cette Rome dans laquelle, comme dans un miroir gigantesque, se reflétaient toutes les grandeurs et toutes les turpitudes du monde païen. A peine a-t-on franchi la porta Capena, que le reste de vie qui anime la cité romaine disparaît. La voie Appienne est un véritable désert. On a devant soi des plaines immenses d'un brun triste, au milieu desquelles serpentent les eaux jaunes du Tibre. Une paysanne, est assise auprès de son troupeau de chèvres blanches, à la tête gracieuse, aux mouvements lestes, sautillant dans le fossé et mordant à belles dents le buisson d'aubépine qui laisse tomber sa neige odorante sur le tapis de gazon. Les croupes énormes des buffles ennuyés, émergent des hautes herbes. Plus loin s'allonge la ligne des aqueducs, et des remparts effondrés qui se détachent nettement sur le ciel bleu. Dans le fond, ondulent, comme des vagues, les collines d'Albano et de Frascati. On goûte à loisir la tranquillité de la nature, et le charme du ciel, dans lequel, suivant la comparaison d'un poète, quelques nuages se suspendent, comme des âmes en extase, à la porte du paradis!

Je ne sais rien de plus solennel qu'un coucher de soleil aux portes de Rome. L'astre lointain rougissait comme la fournaise d'une forge de Cyclopes, les rayons flamboyaient en longues flèches de feu, et l'horizon ressemblait à une chlamyde de pourpre rayée d'or. Une poussière vermeille tourbillonnait sous les pieds des chevaux; une brise tiède soufflait dans les branches des fenouils qui commençaient à bourgeonner; les arbres devenaient vaguement sombres; des lambeaux d'ombre pendaient aux flancs des arceaux écroulés qui prenaient dans le crépuscule des formes fantastiques : on eût dit une file de monstres immobiles. Les genêts couvraient les escarpements d'une toison verdoyante; les pointes des rochers déchiraient le tapis des plaines grisâtres. Les laboureurs et leurs femmes, en jupon écarlate, revenaient des champs; les rumeurs du soir montaient vers la voûte céleste. Les voiles de la nuit se déroulèrent peu à peu, et les plaines désertes parurent se peupler d'hôtes mystérieux: c'étaient les ruines éparses qui découpaient leurs silhouettes géantes sur la coupole étoilée, comme des guerriers qui rêvent tristement sur un champ de carnage après la défaite.

Les columbaria de la porte San Giovanni.

On descend par un escalier parfaitement conservé dans une salle très-étroite. La voûte est ornée d'arabesques, dont les formes gracieuses contrastent étrangement, avec les emblèmes funéraires qui décorent aujourd'hui les tombeaux. Au milieu se dresse le sépulcre de Pompée, dont les niches sont remplies d'urnes, contenant les cendres de la famille du grand capitaine : tout autour, dans les parois des murs, sont pratiquées sept cents ouvertures où sont déposés les restes des officiers du vainqueur de Mithridate. Les légionnaires qui avaient fidèlement servi leurs chefs obtenaient l'honneur très-recherché, d'être enfermés après leur mort, sous le même toit que celui dont ils avaient partagé la bonne et la mauvaise fortune. De là des dévouements sans bornes, des attachements qui duraient toute la vie et développaient dans le cœur des Romains des sentiments d'une étonnante élévation. Plus d'un soldat faisait le sacrifice de ses intérêts pour s'attacher uniquement à son général, et pour s'associer à ses destinées, sans espérance d'obtenir d'autre récompense que celle de n'être point séparé de lui après le trépas. Il se rencontre parfois de curieuses antithèses dans la nature. Devant ces columbaria, un rosier avait poussé, et ses parfums embaumaient l'entrée : comment cette fleur était-elle née dans ce désert ?

Le lac de Némi.

Nous avions résolu de passer l'après-midi sur les bords du lac de Némi : nous partons à cheval, accompagnés d'un guide expérimenté. C'était par une de ces chaudes journées d'avril où, suivant le mot de Mme de Staël, tout dort dans la campagne romaine jusqu'au moment où les orages, ou les passions, réveillent la nature véhémente qui sort avec impétuosité de son propre repos. Le soleil jetait sur le dos des ruines mille réseaux dorés. Les buissons se paraient de fleurs sauvages : les branches des pommiers se couvraient de ces boutons blancs qu'on appelle les neiges du printemps. Pas une ombre ne ternissait la transparence du ciel. Les pêchers et les amandiers balançaient dans les airs leurs tiges parfumées. Nous rêvions par instant, comme on rêve à vingt ans. Les heures fuyaient, emportant sur leurs ailes l'essaim des doux souvenirs. Enfin le lac de Némi s'offrit à notre vue entouré de collines qui se reflétaient dans ses ondes transparentes qu'aucun souffle ne ride. Nous revînmes à Rome en traversant de longues forêts de chênes-liége, qui s'entrelaçaient en voûte au-dessus de nos têtes et formaient comme une couronne continue de verdure.

NAPLES ET LES ENVIRONS

NAPLES ET LES ENVIRONS

La campagne de Naples.

La campagne de Naples est le jardin de l'Italie. Les villes se groupent pittoresquement sur la pointe abruptes des rochers, ce qui leur donne un cachet d'originalité singulière. Les laboureurs travaillent aux champs : les uns pressent d'une main vigoureuse le soc de la charrue, tandis qu'un bambino, drapé dans une peau de chèvre, le front hâlé par le soleil, touche de l'aiguillon les buffles haletants, qui cheminent au travers des sillons poudreux, le cou tendu, les naseaux au vent, les cornes dressées. Les vers où Virgile a décrit les paysages des temps antiques nous reviennent en mémoire. Plus loin un vieillard sème le maïs :

Il marche dans la plaine immense,
Va, vient, lance la graine au loin,
Rouvre sa main et recommence.

Les femmes cueillent le lupin, ce mets habituel des paysans romains, que le voluptueux Horace traite avec tout le dédain d'un épicurien habitué à la bonne chère et aux festins somptueux. Les jeunes filles marient à l'ormeau les vignes qui courent en mille guirlandes d'un arbre à l'autre, ou retombent en festons verdoyants. Quand arrive la saison des vendanges, ces grappes pendantes, et ces feuilles finement découpées, présentent un aspect charmant aux yeux du voyageur accoutumé à voir les ceps s'aligner symétriquement sur les coteaux des pays du Nord. Les petites fermes blanches, agréablement dispersées dans la vallée, ressemblent de loin à un troupeau de moutons. Le ciel est d'un azur sans tache : le soleil resplendit et fait miroiter les cimes neigeuses des Apennins, qui esquissent à l'horizon leurs lignes argentées. Dans le fond, on distingue un long ruban bleu, et, au milieu des arbres, des maisons et des palais qui brillent : c'est la rade de Naples.

Le golfe de Naples.

L'endroit le plus favorable pour jouir de la vue du golfe de Naples est la plate-forme du château Saint-Elme. A vos pieds s'étend la ville, bâtie en amphithéâtre, et dont les contours s'arrondissent, avec une pureté et une douceur qui enchantent le regard. Les maisons échelonnées sur les flancs des montagnes, et dont les couleurs éclatantes choquent les yeux par le disparate des nuances, lorsqu'on les considère de trop près, se fondent, quand on les contemple de loin dans un harmonieux ensemble. On songe aux cités fantastiques des pays orientaux décrites par les conteurs arabes. La limpidité des cieux, le calme des flots, l'éclat du soleil, tout concourt à faire de Naples un ravissant séjour, dont on a peine à se détacher quand sonne l'heure du départ. Cette gracieuse image demeure gravée dans l'esprit comme celle d'un des sites les plus poétiques de l'Italie. A gauche, se dresse le Vésuve, dont la masse ne paraît pas trop écrasante pour les villes assises à ses pieds. Cette montagne présente à distance un aspect riant, et, sans les minces tourbillons de fumée qui s'échappent par intervalles du cratère, on serait tenté de croire que les récits des éruptions ne sont que des fables inventées à plaisir par les romanciers. Mais ces vapeurs suffisent à prouver que si le monstre reste oisif, c'est parce qu'il sommeille, et qu'il peut, en s'éveillant subitement, effrayer de nouveau les populations par ses bonds furieux. Le long de la côte s'alignent Portici, Resina, Torre del Greco, Annunziata, Pompeï, Castellamare, Sorrente, et, de l'autre côté Pausilippe, Pouzzoles et Baïes, dont le nom seul éveille les souvenirs les plus doux. L'arête dentelée du cap Misène s'avance dans la mer, en fendant les eaux comme la proue d'une trirème antique. En face de vous surgit le rocher aride de Caprée, sur lequel flotte éternellement, comme une vision sinistre, l'ombre de Tibère.

La mer déroule au loin sa nappe bleue, et balance mollement sur son sein les barques légères en murmurant autour d'elles ses soupirs mélodieux. Les flots ruissellent des rames des matelots comme des perles dans un bassin d'argent. Les pêcheurs enveloppés dans leurs capes brunes, jettent leurs filets en fredonnant les vers d'un de ces chanteurs ambulants si nombreux dans ce pays, où tous depuis le plus fier marquis de la via Toleda, jusqu'au plus humble des lazzaroni dormant sur les marches des palais, comprennent le langage de la musique. La vague s'avance et se retire :

On dirait un amant qui presse en son délire,
La vierge qui résiste et cède tour à tour.

L'âme ressent bientôt les fascinations enivrantes de ces lieux. On rêve aux sirènes laissant flotter sur leurs épaules leurs cheveux dénoués, aux sourires de ces divinités qui, dans leurs jeux et dans leurs bonds folâtres, faisaient voler sous leurs pieds l'écume blanche. On pense au triomphe de Galathée, au char d'Amphitrite, aux conques, aux dauphins, aux tritons, enlaçant les naïades dans leurs bras, et aux mille descriptions des écrivains grecs. Puis ces souvenirs de la mythologie païenne s'effacent peu à peu devant la figure de cette naïve enfant dont les dents brillaient comme des écailles de nacre, selon la comparaison de Lamartine, et qui s'appelait Graziella.

On aspire avec délices les parfums des orangers

et des citronniers que la brise apporte des bois environnants. On aime à songer qu'on est assis sur le bord d'un golfe qui n'a de rival que celui de Constantinople, où à chaque branche pendent une fleur et un oiseau, où tous les mots sont des chants, où un diamant de feu roule dans chaque prunelle et où l'onde est caressante comme un enfant qui se joue sur le sein de sa mère. La journée entière s'écoule dans cette muette contemplation.

Le golfe le soir.

Le soir vient. On s'accoude sur son balcon. La lune déploie dans l'eau son éventail d'argent : la voie lactée étincelle de mille feux : on dirait un champ de boutons d'or épanouis par une belle journée d'avril. Les flambeaux des phares destinés à guider les matelots pendant les tempêtes se mirent dans la Méditerranée, avec les flammes vacillantes des torches attachées aux extrémités des calanques pour permettre aux pêcheurs d'apercevoir leurs proies, et de les enlacer dans leurs filets. Les côtes dentelées d'Ischia et de Procida se découpent sur le ciel gris. Les fenêtres des maisons s'éclairent de nombreuses lueurs. Partout des étoiles ! Partout des lumières ! C'est alors seulement que l'on comprend le charme de ces belles nuits du Midi où saint Augustin et sa mère regardaient les astres, en conversant ensemble sur la vie future.

Le port de Naples.

La vie et le mouvement du port de Naples sont la fidèle image de ce peuple à la fois si oisif et si affairé, comme l'a remarqué avec justesse Mme de Staël. Le long du rivage se succèdent les maisons bariolées de mille couleurs et dont l'alignement rappelle le costume d'Arlequin. De temps à autre quelques petites chapelles obscures, où brûlent deux maigres cierges auprès d'une madone pompeusement vêtue, ou une église décorée de statues aux poses triomphantes rompent la monotonie des constructions : le nombre des fenêtres est considérable : les maisons n'en sont pas pourvues, elles en sont littéralement criblées. L'étroitesse des boutiques n'a de comparable que celle des échopes de Pompéï. Devant les portes, des troupeaux d'enfants déguenillés se roulent dans la poussière, et leurs cris discordants forment un curieux contraste avec le bruit régulier des marteaux de différents corps de métiers qui, suivant la coutume du pays, travaillent en plein air.

Cela donne aux rues un air d'animation et de gaieté qui réjouit l'œil des passants. Quoi qu'en ait dit Formichel fils, à M. Benoîton, la literie est une des principales industries de Naples et on y fabrique des lits qui ont fort belle apparence. Mais les auteurs comiques ne s'inquiètent pas de savoir s'ils racontent les choses telles qu'elles sont, pourvu que le bon public, le *profanum vulgus* d'Horace, rie, fût-ce même aux dépens de la vérité, le reste leur importe peu. De distance en distance des marchands poussent devant eux de petites charrettes ornées de bouquets de genêts, et où les images des saints les plus vénérés de l'Italie sont implantées parmi les fruits et les légumes. A tous les carrefours sont établis des *botteguccicæ* garnies de fleurs où l'on vend des rafraîchissements et des tranches épaisses de pastèque. Les matelots coiffés du bonnet rouge, jambes nues, et portant le costume de *Masaniello* dans la *Muette de Portici*, déchargent des cargaisons d'oranges et de citrons dont les flots dorés débordent hors des larges tonneaux où les *zitellæ* de Sorrente les entassent. Les masques burlesques de Polichinelle et de tous les autres personnages de la comédie italienne grimacent sur le seuil des marchands de faïence. Les corricoli traînés par des chevaux empanachés de plumes de faisan et regorgeant de promeneurs passent avec la rapidité d'une flèche : soldats, prêtres, marins, femmes, enfants, vieillards, rien n'y manque : l'essieu des roues, les brancards, tout sert de place aux Napolitains qui se hissent sur ce véhicule national. Les attelages de mules équipées à la mode espagnole, et conduites par un automédon de huit ans, qui fait claquer son fouet d'un air d'importance, se croisent à chaque instant avec les calèches aux harnais de cuivre étincelant. Des troupeaux de chèvres, guidées par un petit pâtre, traversent les quais, et agitent leurs clochettes en courant.

Les moines mendiants, dont un froc en lambeaux recouvre à peine la maigreur ascétique, la corde à la ceinture, le visage amaigri, la barbe pointue, marchent péniblement la besace sur le dos. Les monsignori, frais, rasés, le soutane et le chapeau minutieusement brossés, discutent gravement sur les questions du moment. Les facchini tendent aux passants leurs chapeaux troués.

Des fillettes, au mouchoir coquettement noué sous le menton, et à la mine éveillée, vous coudoient en riant à gorge déployée ; de longues affiches de théâtre, représentant le sujet du drame en vogue, peint par un artiste primitif, se balancent au gré du vent. Les femmes étendent leur linge sur le parapet des ponts. Les portefaix (car il n'y a plus de lazzaroni) ronflent au soleil. Les pêcheurs fendent la foule, en tenant sur leurs têtes d'énormes thons, qui s'efforcent vainement de se débattre contre leur vigoureuse étreinte. Les douaniers regardent la rade d'un œil blasé, et fument leurs pipes de terre rouge. Quelques plongeurs, complétement nus, vont chercher les branches de corail au fond des flots. Le macaroni sèche en plein air : les cordages s'enroulent sur le rivage en spirales tortueuses, comme un nid de vipères. Les chevreaux sanglants pendent aux portes des bouchers, aux traits accentués et au teint bronzé, comme les Arabes décrits par Chateaubriand dans son *Itinéraire de Paris à Jérusalem*. Le môle de briques projette sa silhouette délicate sur le ciel bleu. Sur le port, les Napolitains vont, viennent, se pressent, se poussent, se bousculent, causent, crient, chantent, et bourdonnent avec tout le tumulte et tout le bruit d'une ruche immense. La variété des types et des costumes, les gestes expressifs de cette foule bigarrée, l'agitation perpétuelle, tout cela forme un tableau original digne du pinceau d'un Callot.

Les mœurs napolitaines.

Les rues ne sont pas beaucoup plus sûres à neuf heures du soir, que ne l'étaient, au siècle dernier, les fourrés de la forêt de Bondy, dont les faiseurs de romans ont tant abusé. La via Toleda est la seule qui soit éclairée au gaz : les autres sont plongées dans les ténèbres les plus épaisses. Aussi les détrousseurs peuvent-ils s'en donner à cœur joie, sans craindre que l'arrivée subite d'un agent de la force publique ne vienne interrompre leurs intéressantes opérations. Après avoir amorcé leurs victimes par divers appâts (ils emploient de préférence les yeux noirs des sirènes de troisième catégorie), ils se mettent en devoir de les dépouiller de tout, et les laissent sur le pavé dans le costume des petits saints Jean de nos processions. Bienheureux encore sont ceux qui en sont quittes pour une volée de coups de bâton ! Les lauriers de ces Cartouches italiens empêchent les Mandrins des Abruzzes de dormir ; aussi infestent-ils les environs de leurs ravages audacieux. Il faut cependant reconnaître que de notables progrès se sont accomplis; les nuées de mendiants qui rendaient le séjour de Naples insupportable, diminuent chaque jour, et les brigands, auxquels les bersaglieri font une rude chasse, disparaissent peu à peu. Pour dégoûter tous ceux qui seraient tentés de chercher, dans ce métier très-lucratif, leurs moyens d'existence, les autorités militaires de Naples exposent aux vitrines des photographes, les portraits des bandits étendus sanglants, et frappés à mort sur les rochers, ou au fond des ravins. Cette étrange exhibition est digne d'être citée.

Les enterrements sont très-curieux: tout le monde, riche ou pauvre, tient à avoir les funérailles les plus somptueuses possible. Nous avons assisté au défilé d'un convoi mortuaire : les voitures ne s'arrêtaient pas; personne ne se découvrait. Le cortége funèbre allait à la débandade : c'était un mélange confus de pénitents blancs, d'hommes en deuil portant des bannières noires, de carrosses dorés remplis de prêtres chantant les psaumes, de choraux bavardant en tenant à la main de grandes lanternes rouges, et de moines des différents ordres, tout cela n'avait rien de cette gravité triste qui convient aux cérémonies de ce genre. La tête du défunt était découverte ; c'est l'usage : deux croque-morts portaient nonchalamment une bière , attachée en travers par des cordes à un brancard, qui ballottait, comme un lustre que des ouvriers transportent d'une maison dans une autre.

Un des traits particuliers du caractère Napolitain, c'est la facilité incroyable avec laquelle toutes les classes de la société se mêlent et se confondent à chaque instant, sur la Chiaia, et dans les principales rues de la ville. Les équipages les plus somptueux, les cavaliers les plus élégants traversent la cohue au grand trot, et chacun s'écarte pour leur ouvrir un chemin. Rien de plus amusant que de voir les calèches, où se pavanent en splendide toilette les lionnes de l'aristocratie, obligées de s'arrêter, à leur tour, pour laisser passer des troupeaux de moutons, des charrettes de laboureurs ou des mulets chargés de fourrages. En face des superbes hôtels construits sur le bord de la mer, et du jardin récemment ouvert au public, les pauvres ont dressé des piquets où ils suspendent leur lessive ; les quelques lazzaroni qui survivent à cette race presque éteinte, se couchent en travers des trottoirs traversés par les passants, sans que la police intervienne, et force le peuple à rester dans les quartiers qui lui sont spécialement réservés. Chacun peut donc dire à Naples, avec raison : « *J'ai ma place au soleil!* »

Les Napolitains sont les gens les plus bruyants de l'univers : les matelots du port ne cessent de hurler comme des sauvages de l'Afrique. Ils ont l'air d'être prêts à se sauter à la gorge, quand ils discutent sur les choses les plus futiles, et quand ils se mettent en colère, on s'attend à les voir tirer leurs poignards. Ils ont la frénésie de la vitesse. C'est un spectacle effrayant que de regarder deux cochers luttant entre eux de rapidité : ils volent, on dirait un nuage qui fuit ; on s'imagine à chaque instant qu'ils vont se broyer les uns contre les autres. Souvent les chevaux, épuisés, glissent et tombent sur les pavés ; on les contraint à se relever en leur appliquant un vigoureux coup de fouet, et on repart avec plus d'ardeur que jamais. A cette rage insensée de l'agitation se joint une affectation de mépris des dangers, qui dégénère le plus souvent en forfanterie stupide. Les enfants, surtout, se font un jeu de courir entre les voitures, au risque d'être inévitablement écrasés. Ils sentent si bien qu'ils ont tort, que quand on les choque ou qu'on les frappe pour les écarter, ils acceptent sans mot dire la correction.

Les femmes du peuple passent une partie de leur temps à promener leurs charmes dans les *cattivæ carrozæ*, et à étaler leurs toilettes dont elles rehaussent l'éclat par les mille colifichets, que leur vendent les colporteurs. Elles ont une passion invincible pour les couleurs voyantes et tranchantes, telles que le blanc et le rouge, dont les nuances contrastent avec leur teint brun.

Le tombeau de Virgile.

A l'entrée de Naples s'élève, au-dessus de la grotte du Pausilippe, le tombeau de Virgile, aujourd'hui en ruines. Tous les poètes, depuis Stace jusqu'à Casimir Delavigne, sont venus, en pèlerinage, visiter les lieux où reposent les mânes du tendre chantre de l'Ausonie. Brizeux y a composé les charmants vers qui commencent ainsi :

Laissant errer sa robe, à la fois doux et grave,
Les cheveux négligés dans le palais d'Octave
Il entrait à pas lents, et le soir du festin
Rêvait à sa Mantoue, à ses forêts de pin...

Pétrarque avait eu la pieuse idée de faire cultiver un laurier, dont les rameaux étaient destinés à protéger ce monument de leur ombrage tutélaire. Mais il avait compté sans la brutalité stupide de quelques insensés, égarés par une ridicule superstition, qui accablèrent le pauvre arbre des plus cruels traitements. Il languit peu à peu, ses feuilles se desséchèrent et tombèrent : il mourut bientôt victime de ces barbaries, dignes d'être à jamais flétries. Un second laurier, planté par l'auteur des *Messéniennes*, a vécu ce que vivent les roses..... Il a péri faute de soins ! Il ne s'est pas trouvé un homme assez sensible pour le secourir, et pour empêcher que ce dernier témoignage de vénération ne fût détruit pour toujours. Nous nous sommes senti le cœur serré d'une douloureuse émotion en songeant à l'ingratitude de l'Italie envers le chantre des *Géorgiques*, dont elle devrait bénir à jamais la mémoire.

Hélas ! tout se perd, tout s'en va : le scepticisme et l'indifférence ont-ils donc glacé les cœurs ? Où sont les temps où l'on respectait le souvenir des hommes de génie ?... Où sont les neiges d'antan ?...

Le lac Averne, le Styx, le Tartare.

Que les environs de Naples sont changés depuis ce temps où Virgile décrivait, en termes si magnifiques, les profondeurs du Styx, du lac Averne, du Tartare et tout le royaume de Pluton ! Autrefois, les épaisses forêts dont les arbres enlaçaient leurs sombres rameaux, étaient remplies d'oiseaux sinistres, dont les cris farouches troublaient seuls le silence de ces bois ténébreux. Les eaux des lacs où se réfléchissaient ces feuillages noirs, prenaient un aspect d'horreur mystérieuse. D'affreuses vapeurs de soufre s'échappaient en tourbillons jaunâtres, du cratère d'un volcan à demi-éteint. Tous les alentours étaient stériles. On conçoit aisément que l'imagination des anciens, peu habitués à se rendre compte des phénomènes physiques, ait été vivement frappée de ce spectacle. Aujourd'hui, tout ce qui effrayait les Romains, est clairement expliqué par la science. Aux craintes superstitieuses ont succédé les légendes aimables. Lorsque, le soir, les paysans des Abruzzes se rassemblent autour du foyer, après avoir vaqué tout le jour aux travaux des champs, l'aïeule raconte que la fée Morgane, dont les voiles argentés flottent au gré du vent, voltige quelquefois sur le lac, escortée de l'essaim folâtre des sylphes aux ailes légères, tandis que les flammes fantastiques des feux follets, se jouent dans les ondes transparentes où la lune reflète son disque étincelant.

Le golfe de Baïes.

Baïes fut jadis le séjour favori des riches patriciens de Rome. Les villas somptueuses, et les jardins artistement dessinés s'étageaient agréablement sur les flancs boisés des collines dont la mer vient baigner les pieds verdoyants. Lorsque les rayons du soleil de l'été faisaient épanouir les fleurs entr'ouvertes, les lacs avoisinants étaient sillonnés par des barques peintes des plus éclatantes couleurs, ornées de fraîches guirlandes et pavoisées de banderolles d'un travail précieux. Les échos sonores des hautes montagnes répétaient les complaintes amoureuses, que les jeunes gens drapés dans leur manteau de pourpre, et le front couronné de roses, chantaient en s'accompagnant sur une lyre d'ivoire incrustée de nacre. Les belles Romaines, nonchalamment accoudées sur les tapis de Perse, aspiraient avec volupté les parfums des orangers que la brise du soir apportait de la rive, tandis que des esclaves nubiens, aux oreilles chargées de lourds anneaux d'acier, frappaient en cadence les flots harmonieux, et que d'autres préparaient le festin, ou versaient le vin de Chypre dans des coupes du plus pur cristal. Pendant ce temps, les pâles captifs, enfermés dans leurs cachots obscurs , frémissaient, en attendant que l'heure sonnât de lutter dans l'arène, contre les lions de Numidie à la fauve crinière.

Les souvenirs de Bauli.

C'est à Bauli que se trouvait jadis la villa d'Auguste, qui devint la résidence d'Octavie : c'est là que le jeune Virgile introduit, grâce à Mécène, dans le palais des Césars, dit d'une voix émue devant l'empereur et sa sœur, le passage fameux qui a si heureusement inspiré un de nos grands peintres : *Tu Marcellus eris.* En écoutant ces vers, où le poète avait su faire revivre, d'une façon si touchante, la douce image d'un enfant chéri, la pauvre mère ne put retenir ses pleurs. Certes, jamais auteur n'obtint un succès si complet et si vrai. Qui ne donnerait tous les biens de ce monde pour avoir fait couler de pareilles larmes ! Rappelons, par un contraste saisissant, que c'est aussi à Bauli que s'accomplit une des plus sanglantes tragédies de l'histoire romaine, le meurtre d'Agrippine, par Néron. Il faut lire le superbe récit dans lequel Tacite décrit cette scène terrible, avec cette concision et cette vigueur de style, qui n'ont guère été surpassées. Quelle flétrissure que celle qu'il a imprimée à cet exécrable tyran, en le marquant du fer rouge comme un esclave fugitif!

L'ascension du Vésuve.

Le chemin est pratiqué au milieu des champs de lave, dont les torrents inondent la campagne de Naples, lorsque le Vésuve fait entendre ses gronments cyclopéens. Quand on considère l'ensemble, on pense tour à tour à un voile de deuil étendu sur les flancs des montagnes, à une mer soulevée par les vents du Nord, cette meute aboyante de l'ouragan, comme l'appelle V. Hugo, et dont les vagues écumantes se tordaient avec une frénésie satanique, quand une puissance mystérieuse a subitement pétrifié cet océan en délire. On songe au chaos dans toute sa sublime horreur. La nature a parfois de ces étranges convulsions, dont l'effroyable majesté plonge dans un inexplicable étonnement l'homme qui cherche à sonder les profondeurs sinistres de l'abîme. Ici ce sont des cadavres gigantesques renversés, et frappés de la foudre. Ils sont entassés pêle-mêle, comme les vaincus d'une sanglante mêlée. Le torse, les bras, les jambes sont très-visiblement dessinés : les têtes seules manquent. Qui donc a osé décapiter ces Titans terrassés ? Là ce sont des serpents, des animaux monstrueux tels que la Fable antique les représente. Plus loin des cordages de Léviathan, des troncs, des racines de chênes énormes repliés dans des contorsions presque humaines. Le tout, tantôt brun, tantôt jaune, tantôt rouge. Quelques oiseaux voltigent au-dessus de ce désert : leurs ailes les soutiennent à peine, et ils sont contraints de se poser à chaque instant. L'air et la force leur font défaut. Le soleil brise ses faisceaux dans les fentes des quartiers de lave entr'ouverte :

Comme un soldat vaincu brise ses javelots.

Tout autour de soi on a des fleuves noirs, des champs de cendres où gisent quelques débris de rochers de proportions colossales, lancés par le volcan aux jours d'éruption. Les montagnes dressent leurs murailles inaccessibles hérissées d'arbrisseaux sauvages, ces sentinelles éternellement immobiles des forteresses de granit. Le silence est partout. Ces lieux ont un aspect désolé qui serre le cœur; il semble que l'on soit dans la vallée de la Mort.

Le Vésuve domine tout le golfe de Naples. Ce

qui ajoutait encore au charme infini du paysage, c'étaient les effets de lumière produits par un superbe coucher de soleil.

Des nuages d'une délicatesse exquise, fins comme une broderie de dentelles, se découpaient sur le velours du ciel bleu, et volaient de distance en distance, comme des colombes de Campanie. Une bande de neige terminait l'horizon. Les ombres du soir commençaient à flotter sur la mer, aussi légères que les voiles blancs d'une fée invisible. Les promontoires fuyaient dans l'ombre. Les feux mourants du jour coloraient les flots de pourpre et d'or. Les teintes vertes des vallées se fonçaient. Nous avions repris la route de Naples. Le soleil s'était insensiblement effacé au couchant; les cieux, à demi éclairés, avaient des nuances d'un rose pâle qui s'obscurcissait petit à petit : les collines s'enfonçaient lentement dans les vagues lueurs du crépuscule naissant. Les nuées étaient presque grises; les dernières lumières s'éteignirent : le firmament devint brun. Les eaux avaient des reflets d'acier. Une étoile apparut dans la voie lactée; une autre la suivit, une troisième ne tarda pas à se montrer et la voûte céleste étincela tout à coup. Un vent frais faisait frissonner la crinière des chevaux. Nous entrions dans la ville : la nuit était venue.

La plage de Sorrente.

Nous étions assis sur le rivage, au pied des rochers jaunes que surmontent les coquettes maisons de cet Eden tout embaumé des parfums du fruit doré, dont le poète a dit :

> . . . . l'oranger
> Naquit pour nous dédommager
> Du péché d'Ève.

Nous avions au-dessus de nous la blanche maison du Tasse, que Lamartine a comparée à un nid de cygne, posée sur une falaise de rochers coupée à pic par les flots. En promenant ses yeux sur cette mer enlacée par la ceinture verdoyante des montagnes, sur ce ciel plus bleu que les myosotis qui fleurissent au fond des bois, sur cet horizon aux aspects féeriques, le voyageur comprend que là seulement pouvait naître le chantre de la *Jé-*

rusalem délivrée. Quel nid plus charmant aurait trouvé l'oiseau divin pour y gazouiller ses premières mélodies! Comme il devait sentir son imagination ouvrir ses ailes radieuses pour s'envoler vers le pays des songes, parcourir les campagnes de l'Orient où croissent les palmiers aux larges feuilles, se glisser dans les palais des sombres sultans où les belles favorites reposent mollement sur des sofas et s'admirent dans leurs miroirs, en attendant la venue des chevaliers montés sur leur palefroi, la lance au poing et le panache flottant! Hélas! comme il était pâle et attristé, lorsque plus tard il regardait le golfe en pleurant, et que sa sœur gémissait auprès de lui. Les espérances de la jeunesse s'étaient évanouies, les illusions dorées de son enfance s'étaient enfuies, et il s'était plus d'une fois meurtri aux ronces du chemin, en gravissant l'âpre calvaire de sa destinée..... Il sortait des prisons de Ferrare! Il avait cueilli la palme du martyre, et, abreuvé d'amertumes, il était prêt à mourir.

Un tableau de marine.

Nous fûmes distraits de nos rêveries par le bruit d'un cabestan que douze vigoureux matelots, coiffés d'un fez rouge comme les esclaves maures qui rament sur les galères de Constantinople, tournaient, pour remorquer une petite goëlette déjà à moitié sortie de l'eau. C'était plaisir de voir se tendre et se détendre, se plier et se déplier, les muscles de ces hommes de fer, dont les formes athlétiques eussent excité l'étonnement d'un sculpteur grec, et d'entendre grincer les cordages qui gémissaient en se déroulant avec lenteur. L'avant du navire était décoré d'une de ces images de la Vierge que les pêcheurs implorent au sein des tempêtes. De vieux loups de mer étendaient les filets humides où perlaient sur les herbes marines des gouttes luisantes. Des enfants en haillons gambadaient sur le sable aux paillettes brillantes : plus loin, quelques jeunes gens tiraient une calanque à la hâlée. Des femmes parcouraient la grève, portant des paniers pleins de poissons sur leur tête, avec toute l'aisance des canéphores orientales. Les ancres gigantesques jonchaient la plage, et mordaient le sol de leurs becs recourbés, comme ceux des éperviers. Le lierre et la vigne grimpaient le long des cabanes et encadraient de leurs festons verdoyants les fenêtres, sur lesquelles s'épanouissaient des fleurs sauvages. Un vieillard faisait sauter sur ses genoux son petit-fils qui lui souriait. Un marchand ambulant vendait à des fillettes babillardes des peignes, des boucles d'oreilles, des bagues et mille autres objets de toilette de peu de valeur. L'extase naïve, la joie, la coquetterie, la convoitise et la jalousie se succédaient sur ces visages mobiles avec rapidité. Le soleil éclairait le paysage de ses tons chauds radieux, et répandait une teinte de gaieté sur tout le tableau. Soudain une fusillade de pétards éclata, les carillons leur répondirent; c'étaient les cloches qui revenaient de Rome, suivant l'expression consacrée; tous alors, hommes, femmes, enfants, comme mus par un ressort, se découvrirent et tombèrent à genoux en même temps. C'était superbe d'ensemble.

Une excursion à Pompéï.

Il est impossible de rendre l'impression que l'on éprouve en errant au travers de Pompéï. On reste stupéfait de cette miraculeuse conservation, sans précédent dans les annales des peuples. Le voyageur, assis sur les colonnes brisées qui jonchent les plaines où s'élevèrent jadis Babylone et Carthage, rêve au néant des choses humaines, se rappelle les prédictions des prophètes et des prêtres, et songe tristement aux beaux jours de ces superbes capitales dont il cherche en vain les traces au milieu des herbes qui recouvrent leurs ruines éparses. Il se répète tout bas les maximes des Écritures ou les réflexions des philosophes sur la fragilité des gloires de ce monde. Mais s'il veut avoir une idée exacte de ce qu'étaient ces villes, au temps des Sémiramis et des Annibal, il est obligé de recourir aux descriptions vagues et incomplètes des auteurs anciens. S'il se hasarde à feuilleter les romans écrits de nos jours sur ce sujet, il court grand risque de s'égarer avec l'auteur, dans le dédale des bizarreries et des excentricités pittoresques qui forment le fond des peintures de ce genre, qu'on regarde à tort comme des prodiges d'invention et de talent. Lorsque, au contraire, on visite Pompéï, on n'a besoin de faire aucun frais d'imagination, le livre est là, ouvert devant vous, on n'a qu'à y lire. On reconstruit en un instant chaque édifice, tel qu'il était avant sa destruction ; on s'initie aux détails les plus minutieux de la vie publique et privée des anciens. L'illusion est complète, et le touriste, s'imaginant que cette ville a été endormie, comme la princesse de Perrault, par la puissance d'une baguette magique, hésite à franchir le seuil des maisons, de peur qu'une divinité inconnue ne le punisse d'avoir osé profaner ces demeures sacrées.

Les rues portent la trace des chars que traînaient les coursiers d'Épire et d'Afrique fort estimés des Romains. Les anneaux des bornes où les esclaves éthiopiens au costume oriental attachaient les mulets, et les autres bêtes de somme au retour des champs sont encore scellés dans la pierre. Les bustes des Mercures sculptés sur les fontaines sourient au passant, et on s'attend à voir l'onde jaillir de nouveau en colonnes de cristal transparent, par ces bouches entr'ouvertes avec une expression d'aimable moquerie. Les murs sont couverts d'inscriptions tantôt sérieuses, tantôt railleuses. Franchissez le seuil des maisons. A la porte veille, en gardien fidèle, le chien formé de petites mosaïques peintes, aux pieds duquel est gravée la sentence fameuse : *Cave canem.* Les colonnes sont rangées autour de l'atrium, blanches et immobiles, comme des vierges antiques enveloppées dans leur tunique de laine. Des bassins, des tables de marbre supportées par des chimères, ou des griffons qui vous regardent de leurs yeux fixes, de petits jets d'eau s'échappant de la conque d'un triton, des statues des ancêtres décoraient cette partie de l'édifice où les Pompéïens se tenaient le plus volontiers. Entrez dans les chambres. Les murailles sont ornées de dessins et de fresques représentant des sujets de la mythologie : il n'y a point là une science profonde du coloris et des nuances. Non, ce sont de simples corps dont le pinceau a esquissé les gracieux contours, des têtes à peine ébauchées, mais tracées avec cette légèreté et cette délicatesse, qui donnaient aux productions des anciens, un cachet de grâce et d'originalité incomparables. Tous ces personnages se détachent sur le fond avec un relief inimitable. Ce ne sont plus que des apparitions radieuses, des fantômes fugitifs, des ombres aux formes indécises qui semblent voler dans la plaine éthérée, tant leurs mouvements sont nobles et naturels. On s'efforcerait vainement de les examiner en détail, elles se dérobent à l'étude attentive, on ne peut que les entrevoir et les admirer. Nous nous souvenons d'une bacchante jouant du tambourin, que ne valent pas, à notre avis, bien des tableaux contemporains. Son cou se penche doucement comme un lis qui s'incline, ses cheveux dénoués baisent ses épaules nues, la mélancolie tempère le feu de ses yeux, ses lèvres s'épanouissent plus fraîches et plus brillantes que les roses de l'Attique, et Vénus envierait la finesse de ses pieds mignons, que laissent apercevoir les plis de ses vêtements indiscrètement soulevés par la brise mutine. Sur les panneaux des salles à manger se nouent des guirlandes de myrte et de myosotis; dans les corbeilles frétillent des poissons aux nageoires argentées, dans les paniers s'étalent les oranges aux reflets d'or, et les grappes de raisin empourpré. Sur les frises et les corniches courent de petits amours, qui caressent des panthères dociles, ou se balancent sur les branches des arbres au feuillage hospitalier, suivant l'expression de Virgile. Les chambres sont toutes pavées de mosaïques, figurant des monstres marins, se plongeant dans les flots parmi les joncs et les roseaux touffus. La Renaissance n'a jamais produit d'œuvres plus parfaites que les feuilles de figuier, et les festons de lierre découpés dans le marbre des chapiteaux des colonnes qui soutiennent les pérystiles. Descendez dans les souterrains. Les amphores, au ventre arrondi, tant célébrées par Horace, sont rangées en bon ordre. On croit par instant que les marches de l'escalier sonore, vont retentir encore une fois des pas du gros esclave, à la face bourgeonnée, chargé de déguster les vins de la nouvelle récolte, dans la coupe de cristal dont son maître lui a fait cadeau aux dernières Saturnales.

Pénétrez dans les tombeaux. Les urnes destinées à renfermer les cendres sont de véritables merveilles de ciselure. Les tumuli, bâtis le long d'une des rues les plus fréquentées de Pompéï, forment une suite de monuments plus blancs que la neige, et dont l'aspect n'a rien d'attristant. Chez nous, les cyprès qui étendent leurs rameaux sombres sur les tombes, portent à la tristesse. De là, entre nous et les Romains, une première différence dans la façon dont les anciens envisageaient le trépas : les riches patriciens construisaient eux-mêmes leurs sépulcres de leur vivant, les visitaient souvent, et se complaisaient à les embellir chaque jour avec un soin et une sollicitude touchantes. Ces usages nous paraissent extrêmement bizarres, et nous taxons d'originaux, pour ne pas dire de fous, ceux qui s'enterrent dans leurs propres jardins. Cette coutume n'était cependant rien moins que naturelle, aux yeux des Grecs et des Romains, qui n'avaient point sur la fin de la vie l'idée que nous autres chrétiens, nous en avons d'ordinaire. Jamais un Sophocle et un Virgile n'auraient écrit la scène d'Hamlet et des fossoyeurs : le mot de squelette leur était inconnu. On brûlait les défunts, et ce n'est guère que dans les derniers temps de l'Empire qu'on les a ensevelis. Aussi les honnêtes gens s'étaient-ils habitués à la pensée de quitter la terre, et quand sonnait l'heure suprême, ceux qui avaient vécu suivant les règles de la sagesse, s'endormaient tranquillement, afin de couronner par une mort paisible une vie heureuse. Ils savaient qu'on ne les oublierait pas et que la vue de leurs cendres, toujours présentes aux yeux de leurs descendants, protégerait leur mémoire contre les atteintes de ce redoutable ennemi qu'on appelle le temps, et qui use tous les noms de sa lime impitoyable. Ils se disaient que leur ombre planerait après eux, sur les lieux qu'ils avaient habités, pour écarter de ceux qu'ils avaient aimés les malheurs et les calamités. Aujourd'hui, on va rarement au cimetière :

> L'herbe pousse plus vite au cœur que sur la fosse,

et quelques-uns seuls, songent à ceux qui sont couchés dans leur linceul glacé, tandis que les couronnes d'immortelles sèchent sur leurs tombes et que les feuilles jaunies des saules pleureurs, jonchent comme des larmes le tertre de gazon funéraire !

Les meubles, les ustensiles de cuisine, les instruments de médecine et de labourage, les armes, les bijoux, les camées, et les nombreuses mosaïques et statues d'airain ou de marbre qui remplissaient Pompéï, ont été, en majeure partie, transportés au musée de Naples. Le chiffre des chefs-d'œuvre est très-élevé; nous citerons deux petits bronzes représentant un Antinoüs écoutant la musique et un Bacchus portant une lampe, qui sont modelés avec un art et une perfection, qu'on chercherait en vain dans les œuvres modernes. Qu'est-ce cependant que tout ce qu'on a déblayé jusqu'à ce moment à Pompéï? Les fouilles ne sont qu'à peine commencées, et en admettant qu'on continue à y travailler assidûment, deux siècles suffiront difficilement à l'achèvement de cette entreprise.

On montre aux étrangers les cadavres de quatre malheureuses victimes de l'éruption, entièrement recouverts de cendres, qui moulent leurs contours avec une effrayante vérité. Ici c'est une jeune femme, ayant encore au doigt un anneau d'or, et dont les membres sont contractés d'une façon horrible : ses gestes, son attitude, tout atteste que l'agonie a été lente et cruelle : ce n'était plus seulement la mort, mais le supplice de l'ensevelissement vivant, sous une pluie de lave toujours montant et s'épaississant. Cette fin atroce n'est pas sans analogie avec celle de Gilliat, que V. Hugo a si admirablement dépeint, dans les *Travailleurs de la Mer*, dans un chapitre qui restera une des plus belles pages des romans philosophiques du maître. Là, on voit un homme étendu sur le dos, les bras et les jambes raidis par la douleur. Cet infortuné a dû se résigner au trépas, avec un héroïque courage, car son corps n'offre pas les signes d'une lutte très-violente. Plus loin, une pauvre mère est couchée auprès de son enfant, dont elle couvre la tête de ses bras, dans un suprême effort de tendresse, pour la protéger contre les flots de matières en fusion, que le volcan vomissait avec fureur. Ces masses humaines, complétement pétrifiées, ressemblent à des défunts sur lesquels on a jeté un drap. Pourquoi n'étais-tu plus de ce monde, ô sublime chantre des misères terrestres, toi qui as raconté à l'Italie épouvantée l'histoire d'Ugolin et de ses fils, captifs dans la tour de Pise? Tu nous aurais décrit les angoisses épouvantables qui serrèrent le cœur de ces misérables, quand ils virent le ciel s'obscurcir sous des nuages de fumée noire, et qu'ils se sentirent, dans une nuit sombre, consumés par la cendre dévorante!

Les Thermes où les Pompéiens passaient une grande partie du jour à se baigner, à s'inonder de parfums, de poudres, de senteurs de toutes sortes, à savourer les délices du repos au milieu des bains de vapeurs embaumées, attestent un prodigieux raffinement de civilisation. Il y a loin de cet excès de propreté aux habitudes de saleté des Napolitains, qui paraissent oublier que la Méditerranée arrose les pieds de leurs maisons, et qu'ils n'ont qu'à faire quelques pas pour alle rgoûter les douceurs de l'onde rafraîchissante.

Le forum, les basiliques, les temples, les tribunaux, les théâtres subsistent pour la plupart. Nous visitâmes l'autel consacré aux divinités égyptiennes, et notre guide nous indiqua d'un geste moqueur la cachette d'où les prêtres parlaient pour leurs idoles de marbre, en ajoutant quelques réflexions très-peu convenables, à l'égard du bon sens de ses ancêtres. Il les traita de gens superstitieux..... Il ignorait assurément le précepte de Socrate : Connais-toi toi-même.....

Quand on se place au milieu de la ville, quand on se rappelle que Pompéï était un port de mer, quand on contemple ce ciel bleu d'où les orages semblent bannis, on conçoit que les habitants aimassent à se réunir sur les places publiques pour y discuter, inspirés qu'ils étaient par la sublimité du panorama qui étalait, à toute heure, devant eux, ses tableaux changeants.

L'amphithéâtre est situé à une distance assez considérable des ruines de Pompéï. Il faut traverser, pour y parvenir, des vignes et des champs de maïs où broutent quelques chèvres, sous la garde d'un pâtre, et où s'élèvent de misérables cabanes qui servent de refuge aux laboureurs pendant les pluies ; c'est ainsi que cette ville où s'agitait jadis un peuple nombreux est changée en prairies, et attend que le génie de l'homme rende de nouveau Pompéï à la lumière. Cette pensée fait réfléchir à la puissance de cette déesse au visage inflexible, que les anciens avaient surnommée la Fatalité.

Les Pompéïens assistaient à une représentation du cirque quand eut lieu l'éruption. Sur les murailles brunies se dressaient des statues colossales, et des vases de Corinthe ; les airs étaient parfumés de senteurs odoriférantes; une petite pluie fine rafraîchissait l'enceinte. Un long voile protégeait les assistants contre les ardeurs d'un soleil brûlant. Les édiles siégeaient dans leur chaise d'ivoire. Les vestales, au cœur de glace, s'avançaient en cortége silencieux; les prêtres et les sénateurs occupaient les places d'honneur; les dames de Pompéï, aux costumes fastueux, écoutaient les propos flatteurs des jeunes patriciens; les gardes, armés de leurs lances, allaient et venaient le long de l'arène, et le peuple,

> Comme un fleuve épandu de montagne en montagne,

escaladait les degrés de pierre. Le licteur donne le signal : les captifs entrent à demi-nus brandissant leurs poignards; les lions sont introduits par un esclave qui les excite, en les aiguillonnant avec un épieu, et leurs rugissements, semblables aux murmures du tonnerre, ébranlent le cirque de leurs accents courroucés. L'horreur indicible qui s'empara des assistants, lorsque les premiers grondements du volcan se mêlèrent aux hurlements des panthères épouvantées, les cris des femmes, les menaces, les imprécations des hommes, l'explosion des haines, des indignations, des blasphèmes de vingt mille spectateurs se précipitant vers les portes et écrasant impitoyablement les faibles qui tombaient en gémissant, les bruits sourds des flots irrités, dominant par instant cet effroyable tumulte, ont fourni à un écrivain anglais, le sujet d'un des plus émouvants récits, de son célèbre roman. Il semble que le ciel indigné de la barbarie de cette cité, ait voulu déchaîner sur elle sa terrible vengeance, au moment même où ses habitants se livraient, avec une entière confiance, au plaisir de voir le sang des gladiateurs rougir le sable de l'amphithéâtre.

Une fresque d'Herculanum.

La nature est en deuil : tout annonce l'hiver
Et les pins ont perdu leur beau panache vert.
Au pied des troncs noueux gisent les feuilles jaunes ;
Dans les grottes de mousse on voit dormir les faunes.

Plus bas quelques sylvains paraissent attentifs
Aux chansons d'un berger, et autour des récifs
Faisant voler les flots, la troupe des sirènes
Semble guetter de loin les poupes des carènes.

Les phoques monstrueux courent parmi les eaux,
Tandis que le zéphyr caresse les roseaux :
Du haut d'un noir rocher tout ruisselant d'écume,
Rêveur mélancolique et sombre dans la brume,

Mêlant sa grande voix aux hurlements des vents
Dont le souffle irrité fouette ses cheveux blancs,
Homère, debout, chante un hymne d'allégresse
Aux antiques vainqueurs des combats de la Grèce !

LARMES DU CŒUR, LARMES BÉNIES

LARMES DU CŒUR, LARMES BÉNIES

Il est doux au poète amoureux des mystères
De réveiller dans Rome un écho du passé,
Et d'entendre parmi les débris solitaires,
Battre le cœur meurtri du géant terrassé !

Il est doux de rêver sur la plage odorante,
Tandis que le soleil de ses ardents baisers
Caresse les flots bleus de sa divine amante,
Et fait épanouir les fleurs des orangers.

Il est doux d'admirer ces grands manteaux de lierre
Cachant la nudité des vieux burgs allemands,
Et ces sombres forêts dressant leur tête altière
Qui semblent protéger les restes des Titans.

Il est doux d'écouter la cascade argentine
Faisant du haut des monts pleuvoir les diamants,
Tandis qu'enveloppés dans leur robe d'hermine,
Les pics sentent le soir s'empourprer leurs fronts blancs.

Mais quel plaisir déborde en son âme attendrie
Quand revoyant au loin les toits de ses aïeux,
Il s'arrête un instant et lentement essuie
Une larme de joie échappée à ses yeux!

FIN.

TABLE DES MATIÈRES

SUISSE

ALLEMAGNE

LES BORDS DU RHIN

ITALIE

LA ROUTE DE LA CORNICHE

FLORENCE, PISE ET LIVOURNE

ROME

NAPLES ET LES ENVIRONS

ANGERS, IMPRIMERIE P. LACHÈSE, BELLEUVRE ET DOLBEAU.

www.ingramcontent.com/pod-product-compliance
Ingram Content Group UK Ltd.
Pitfield, Milton Keynes, MK11 3LW, UK
UKHW031045260726
13965UKWH00006B/500

9 782013 047760